理论+工具+方法，打造三位一体的安全管理力系

班组长
安全管理
工作手册

文义明 编著

（第二版）

优秀企业看中层，卓越企业看基层
培养金牌班组长，助力企业从优秀走向卓越

BANZUZHANG ANQUANGUANLI GONGZUO SHOUCE

经济管理出版社
ECONOMY & MANAGEMENT PUBLISHING HOUSE

图书在版编目（CIP）数据

班组长安全管理工作手册/文义明编著. —2版. —北京：经济管理出版社，2018.9
ISBN 978-7-5096-5963-2

Ⅰ. ①班… Ⅱ. ①文… Ⅲ. ①班组管理—安全管理—手册 Ⅳ.①F406.6-62

中国版本图书馆CIP数据核字（2018）第200295号

组稿编辑：张永美
责任编辑：张永美
责任印制：黄章平
责任校对：超　凡

出版发行：经济管理出版社
　　　　　（北京市海淀区北蜂窝8号中雅大厦A座11层　100038）
网　　　址：www.E-mp.com.cn
电　　　话：(010)51915602
印　　　刷：三河市延风印装有限公司
经　　　销：新华书店
开　　　本：720mm×1000mm/16
印　　　张：13.5
字　　　数：235千字
版　　　次：2018年11月第2版　2018年11月第1次印刷
书　　　号：ISBN 978-7-5096-5963-2
定　　　价：39.00元

前　言

安全问题是企业生产管理中最重要的问题。安全生产问题关系到企业能否长治久安，如果企业的安全生产得不到保障，不仅会对员工的身体健康甚至生命造成威胁，还会给企业带来极大的损失，甚至关系到企业的生存。可以说，企业生产安全问题抓不好，其他的一切工作都为零。

对于企业来说，安全生产的前沿阵地就是班组。班组不仅是企业安全生产的切入点、出发点，也是一切安全建设和管理的落脚点。班组长是企业安全管理的直接指挥者和组织者，直接负责企业最基层的安全生产。班组长负责生产过程中的每一个细节，直接负责生产过程中的每一个安全问题。班组长的一言一行、班组长的领导能力，决定了班组能否安全生产。因此，班组长要把安全生产的"弦"紧绷起来，熟练掌握安全生产的各项技能，保证企业的安全生产。

一个尽职尽责的班组长，能够带领班组员工做好安全生产工作，减少企业生产事故的发生。因此，班组长的领导能力和个人素质决定了整个班组的安全管理水平。这要求班组长既要懂生产、精技术、熟管理，更要对安全生产常抓不懈。所以，班组长必须要学会一套系统、科学、灵活有效的安全生产管理方法。

为了充分发挥班组长基层负责人的作用，解决班组实际工作中遇到的现实问题，使班组安全生产有效地进行，达到企业"零事故"的安全生产目标，我们探究班组长安全管理的特点，结合企业安全生产的实际状况，组织编写了《班组长安全管理工作手册》。

本书结合企业的实际发展情况，全面分析了班组安全管理的主要内容，包括班组长在安全生产中的责任和义务、作业场所的各项安全隐患、各类安全事故的危害与防护措施、现场安全管理的注意事项等，深入介绍了各种事故处理的方案、程序、急救方法以及注意事项等。

为了适应读者的需求，本书更趋向于简单化，提取班组安全生产管理知识的要点，将管理理论和工作方法结合起来，能够让班组长抓住班组安全管理的重点，提高班组长安全管理的工作效率和工作质量，实用性更强。通过本书，班组长可以有效解决安全管理中出现的组织不佳、管理效果不突出、指挥不力等问题，让班组长在安全生产管理中更加得心应手。

本书可操作性强，既是班组长安全生产管理的案头手册，也是其他一线管理人员的参考用书，堪称企业安全管理的必备工具书。

目　录

第一章 班组长与安全生产：班组是安全管理的前沿阵地

第一节 班组是企业安全生产的生命线

安全是生产管理的重中之重

当我们提到建筑施工、车间生产、煤矿开采等字眼时，首先会想到安全问题。可以这样说，安全问题是与人类的生产、生活活动相伴而生的。随着人类不断在文明的道路上迈进，在实现和享受现代文明的过程中也越来越受到安全事故的侵害。

据统计，仅 2013 年上半年，我国共发生各类生产安全事故约 22 万起，遇难和失踪人数超过了 27000 人，平均每天大概发生 1200 多起各类安全事故，每天有超过 150 人在事故中遇难或下落不明。

因此，要有效防范安全生产事故，在生产中保证安全，我们必须全面贯彻落实科学发展观，培养安全生产理念，培育安全文化，提高安全意识，充分认识到安全的重要性。

在企业的生产管理中，很容易发生安全事故，会造成一定的危害，而企业也将因此面对利益和声誉的损失。所以，安全生产既是人们生命健康的保障，也是企业生存与发展的基础，更是社会稳定和经济发展的前提条件。然而，很多企业或个人都只把"安全第一"放在口头上，在实际工作中却把安全抛之脑后，我行我素地违章操作，为安全事故的发生埋下了隐患。

将"安全"这个主题贯彻到实际工作中，首先，要在做每一件事情之前考虑"安全"二字，在执行每个作业程序时，头脑中要始终绷紧"安全"这根弦。其次，要经常对下属员工开展安全教育，将安全生产渗透到每个员工的思想意识之中，使其自觉遵守企业的安全生产规章制度。

安全工作规程、技术操作规程、企业纪律章程等各项规章制度都是"鲜血教训"的凝结，每个人都不能抱着"侥幸过关"、"简化程序"等心理，在作业前应"停一停、想一想"，自己是否做到"安全第一"了？是否遵章守纪、按章操作了？

总之，安全是生产管理的重中之重。要保障每个人的安全，班组必须在日常工作中以企业安全制度为基础，不断强化员工的岗位安全技能，提高员工的安全意识。

班组在企业安全生产中的作用

如果把企业比作躯体，那么班组就是企业经营活动的细胞，它是企业生产经营管理的第一线，是安全生产的前沿阵地，是确保安全目标实现的重点和关键。

班组安全管理是企业管理的重要组成部分，是一个完善的组织机构。在企业里，绝大部分事故发生在班组。各种设备事故、人身事故的发生均与班组人员有关。因此，班组对控制事故发生具有非常重要的作用。

班组在企业安全生产中的作用，具体可以概括为以下五点。

一、指挥安全生产的作用

首先，班组是企业安全生产管理的第一线，是直接对每一位员工进行安全生产管理的基层单位，直接指挥着企业的安全生产活动。其次，企业的各项安全规章制度、安全文化最终要通过班组贯彻到每位员工身上，然后通过员工的工作成果——产品反映出来。所以企业的安全管理思想、文化一定要深入到班组层次，企业才能确保企业的正常生产。

二、对企业的安全生产起"输能"的作用

班组中有很多技能高超和懂安全生产的人，他们熟练掌握了安全生产的操作方法和规程，能够不断为企业培养和输送优秀人才，推动企业的发展。

三、对安全生产活力的增强起支撑作用

班组成员是企业中最基层，也是最熟悉作业环境和生产流程的一部分人，他们第一时间发现安全隐患、最先接触生产事故。因此，班组是激发创意、解决安全生产问题的团队。一个企业有没有活力，首先看班组有没有活力，不断创新、不断改善生产是保持活力的"灵丹妙药"。

四、组织与管理基层员工的作用

对于企业来说，班组管理是最有效的管理方法，是直接组织和管理员工的单位。当安全事故发生后，班组是第一时间接触事故的组织团体，能够及时组织班组成员对安全事故做出处理。

五、具有育人和护人的熔炉作用

首先，从某种角度来说，班组是班组成员的小家，在这个家庭里，每一个成员都可以在日常切磋与交流中学到安全生产的知识和技能，不断提升自己。其次，班组可以对员工进行专门的安全教育培训，定期进行安全检查，确保员工能够进行安全生产。所以说，班组具有育人和护人的作用。

只有充分发挥班组在安全生产中的积极作用，才能使企业中的每个员工真正将安全内化于心，外化于形，实现企业的长治久安。

班组安全生产的目标

班组是企业的细胞，是企业组织员工从事生产活动的最基本单位。企业的各项工作任务都要通过班组来落实，包括生产员工的安全管理、机械设备的使用及维护、安全生产事故的处理与汇报等。班组的根本任务是安全、高效地完成生产任务。班组在生产劳动过程中应始终把安全工作放在首位，实行安全目标管理。

"零事故"是各班组安全生产的目标。这个目标的实现，要求班组不断加强自身建设，建立健全安全责任制度，定期开展形式多样的安全教育和岗

位练兵活动，使员工不断提高安全意识、自我保护能力以及处理突发性事故的能力，自觉遵章守纪，确保不发生违章作业的情况。

企业要实现安全生产目标，需要注意以下几点。

一、重视安全生产目标

事实上，班组安全建设往往容易被忽视，或者只是形式，抓不到实质，找不到关键点，安全生产总是停留在口头上，也就是班组安全建设并没有走上科学化、现代化、制度化的生产管理轨道。其实，班组安全建设的重中之重是班组长。制定安全生产目标，是要在企业安全生产总体目标的指导下，将目标进行层层分解，最后归结到班组。要落实班组长管理制度，在班组长的带领下，切实搞好安全生产工作，实现安全生产的目标，使班组安全生产职责分明、任务明确、目标清晰，最终实现企业的安全生产管理目标。

二、制定可行的安全生产目标

安全生产目标与班组长的安全生产管理、企业生产现状、安全生产质量等相关。因此，安全生产目标必须根据企业的实际情况，在企业总目标的基础上制定，以保证安全生产目标的可行性。只有这样，班组的安全管理工作才能抓住关键并落实下去，才能实现班组安全生产目标化管理，使班组的安全生产走向科学管理的轨道，班组的安全生产才有保证。

三、建立健全相关的规章制度

制定安全生产目标，要建立一套相关的科学的管理制度。班组安全生产状况的好坏离不开班组成员的安全意识、技术能力和遵章作业的自觉性。因此，班组安全生产目标的管理要从制度上提供保证，要制定安全责任制，使每一位班组成员各司其职、各负其责，激发出每个成员的积极性，真正把安全作为自己义不容辞的责任，以高度的责任感搞好安全生产工作。

四、班组长是关键

班组长既是生产一线的直接组织指挥者，又是生产一线作业的带头人。班组长素质的高低与安全生产目标的实现有着直接的关系。因此，班组长要技术过硬、作风正派、办事公道，能带领工人完成本班组的各项任务；严格执行各项制度和规定；要有良好的身体和心理素质，关心员工、目标一致、相互协作。这样，才能带领工人落实好各项措施，遵章操作，确保安全生产，实现企业安全生产的总目标。

班组该如何抓安全生产

班组作为企业的基层组织，比其他部门或组织更加密切、更加直接地接触到员工的生产和生活。那么面对"安全"这道难题，班组应该如何抓安全生产呢？

一、培养安全生产理念

安全生产既是人们生命健康的保障，也是企业生存与发展的基础，更是社会稳定和经济发展的前提条件。安全事故让我们痛定思痛，一桩桩安全事故告诫我们：违规操作和思想麻痹是最大的安全隐患。重视班组生产安全必须从自身做起，从小事做起，努力学习安全知识，不断培养安全理念，杜绝违章指挥和违章操作，防止安全事故的发生。

二、加强安全文化建设

如果把安全比作企业生产的生命线，那么安全文化就是血液。随着企业经营机制的深化和现代企业制度的逐步实施，安全生产越来越被人们普遍关注并很快得到认可和飞速发展。因此，班组在搞好安全生产的过程中，要注重建设安全文化。为此，班组长要积极倡导以人为本的安全生产管理新理念，在日常的工作、学习和生活中，善于发现安全隐患，总结安全经验，融情于理，以理服人，积极开展各种安全主题活动，让员工从工作中总结安全生产知识。班组要加快适应新形势要求的安全宣传教育步伐，用新的安全管理理念提高员工的安全文化素质。

三、加强班组安全管理工作

首先，班组长在日常工作中，应抓好安全管理，比如召开班前会，将当日的工作任务细化，合理分配给每个人。对生产作业中存在的安全隐患要求大家及时解决，叮嘱班组成员严格按照作业标准和操作规程进行工作。其次，班组长还要重视交接班的管理。交接班是出现安全事故概率比较大的环节，班组长要在交接班上狠下功夫，切实做到"口对口，手拉手，你不来，我不走"。特别是接班后，班组长要及时询问和了解工作的现场情况。

四、严抓安全生产的每一个细节

首先，班组长要严抓安全生产的每一个细节，及时对当日的工作场所进行全面了解，检查机器设备和设施是否完好，并针对各项检查结果，带领员工及时处理作业现场存在的隐患，对重大的安全隐患及时向调度室及区队汇报。其次，要督促每一位员工做好自我保护和互助保安工作，及时处理威胁安全生产的隐患，确保安全生产。再次，要严抓生产过程，检查员工的操作方法是否符合标准，是否有精力不集中、睡岗、脱岗等现象。最后，要对班组安全生产的每一个细小的环节、制度、技术等进行持续的改进，确保在以后的生产中不出现安全事故；还要对员工工作之余的日常生活进行监督和指导，检查员工是否有违反规章制度的行为等。

班组从业人员安全生产权利

按照《安全生产法》的规定，班组从业人员享有的安全生产保障权利主要包括以下几个方面。

一、有获得有关安全生产的知情权

班组的员工在进行生产前，有权知道有关安全生产的各项事宜，比如注意事项和各种危害等，如果员工知道生产过程中的危险因素，就可以有效避免或及时采取措施。

二、有获得符合国家标准的劳动防护用品的权利

企业必须按照国家标准，定期给员工发放或更新个人劳动防护用品，以保障员工生产时的基本安全。

三、有对安全生产问题提出批评、建议的权利

生产过程关系到员工的自身安全利益。班组员工身在企业生产的第一线，凭借对机器设备或原材料的熟悉和了解，可以提出避免发生事故的建议，或者对各种危害员工生命安全和身体健康的行为提出批评。班组长应在各种安全会议上，征求员工的建议，进行民主管理。

四、有对违章指挥的拒绝权利

如果在生产过程中，有违章指挥或强制进行危险作业的情况，班组员工有权拒绝。而班组长等管理人员必须按照规章制度进行管理。

此外，还有采取紧急避险措施的权利，获得及时抢救和医疗救治、获得工伤保险赔付的权利等相关的其他权利。我国法律赋予从业人员的权利远不止这些，目的是充分保障从业人员在生产劳动过程中的身体健康和生命安全，防范和减少事故的发生。

企业和员工之间构成了劳动关系，企业是保障从业人员获得安全生产保障权利的主体。企业要按照《安全生产法》的相关规定，建立健全和完善安全生产规章制度和操作规程，购置和安装安全设施，强化安全监督，保障企业从业人员安全生产保障权利的实现。

班组从业人员安全生产义务

权利和义务是相辅相成的，班组从业人员在安全生产的过程中不仅享有权利，班组长还要让员工充分明确自己的义务，并认真负责地正确履行，要把权利和义务统一起来，如果从业人员不履行自己相应的义务，就要承担相应的行政责任和刑事责任。班组从业人员在生产过程中具体要履行的义务有以下几方面。

一、接受培训，掌握技能

班组从业人员在生产过程中，特别是进行高危作业时，要有很强的安全意识和安全技能，具有系统的安全操作的知识，更要具有对突发事故的预防和处理能力。所以，班组从业人员有义务积极配合班组长及上级领导进行教育和培训活动，熟练掌握相关技能。

二、正确使用个人劳保用品

对企业发放的个人劳保用品，班组从业人员要正确使用和佩戴，这是班组从业人员安全生产的基本义务，可以避免或减轻作业和事故中的人身伤害。

三、发现隐患及时报告

如果在生产作业过程中，发现了不安全的隐患，班组从业人员有义务将隐患及时报告给班组长及上级领导，并立即进行处理，避免事故的发生。

四、遵守纪律，服从管理

对企业的各项制度和规定，班组从业人员有遵守和服从的义务。为了自身安全和企业的长足发展，班组成员必须自觉遵守纪律，服从上级管理，还要积极配合上级领导对企业的生产状况进行监督和检查。如果班组从业人员不服从管理而引发事故，企业有权追究从业人员的责任。

总之，只有每个班组从业人员自觉地履行安全生产上的义务，精心工作，企业的生产安全工作才会有扎实的基础，才能防止安全事故的发生。

班组从业人员安全职责

在企业里，班组的安全生产不可小觑，它是一项较为复杂的系统工程，需要全体班组成员积极参与，综合治理，常抓不懈。因此，必须对班组成员制定安全职责，在安全生产中坚持有章可循，只要班组成员都能够坚持遵守安全制度，把安全放在第一位，真正把安全装在心中，忠于职守，牢固树立安全生产思想，从细节做起，从一点一滴做起，就没有克服不了的困难，就能把好班组的安全生产关。

唯有全体班组成员一起努力，班组安全生产这个环节才不会出差错，企业才能取得更好的成绩，获得更大的发展。

操作人员安全职责范例：

（1）服从班组长的领导，认真学习和严格遵守各项生产安全规章制度、不违章作业，并劝阻或制止他人违章作业。对本岗位的安全生产负直接责任。

（2）精心操作，做好各项记录，交接班时必须交接安全生产情况，交班要为接班创造安全生产的良好条件。发现事故隐患或不安全因素时，要立即报告。

（3）正确分析、判断和处理各种事故苗头，把事故消灭在萌芽状态。发现事故，要果断正确处理，并及时如实地向上级报告，严格保护现场，做好详细记录。

（4）作业前要认真做好安全检查工作，发现异常情况，应及时处理和报告。

（5）加强设备维护，保持工作现场整洁，搞好文明生产。

（6）上岗必须按规定着装，妥善保管，正确使用各种防护用品和消防器材。

（7）积极参加班组的各种安全活动，自觉接受安全检查。

（8）自觉参加各类安全生产教育和培训，掌握本职工作所需要的安全生产知识，提高安全生产效能，增强事故预防和处理能力。

（9）上岗时，必须按照规定着装，正确佩戴和使用、保管劳动防护用品；认真做好个人的劳动保护及设备的安全检查工作，发现异常情况应及时报告处理。

（10）有权拒绝不符合安全要求或违章作业的指令。

（11）正确使用和佩戴各种防护用品，正确使用各类消防器材。

班组员工的素质是安全生产的重要保证，要提高员工素质，培养良好的作业行为，坚持不懈地做好培训工作，在培训工作上要有持续性和严肃性。

建立班组内部基层安全组织

企业要做好安全生产工作，必须建立班组内部基层安全组织，因为班组是企业安全生产最基层的组织，只有大力推进班组安全组织建设，才能保证企业的正常运营。因此，抓好班组安全组织建设对于企业当前的安全生产工作具有十分重要的意义。建立班组内部基层安全组织，要注意以下几点。

一、挑选优秀的班组长

建立一个好的班组，首先要挑选好班组长。班组长对带好一班人，培养好班风有着重要的作用。在挑选班组长时，要从班组成员中挑选有责任心、有影响力和有吸引力的成员担任，如果班组长没有责任心，不能起到领导作用，这个班组就散了。一个好的班组长要做到处处严于律己，以身作则，出色完成任务，发挥班组长的表率作用，同时也要根据生产任务和技术的难易程度配备并及时调整班组成员担任不同的工作，提高整个班组的工作效率。

二、完善选拔机制

企业要对班组长的任用标准和聘任方法做出明确规定，规范班组长选拔任用程序，提供各种安全教育培训，不断提升班组长的安全管理水平。建立有效的激励机制，充分发挥班组长能够直接接触作业现场的优势，全面落实班组长的权利和责任，激发班组长的责任心和积极性。

三、强化班组事故预防机制

班组长要强化班组成员遵章守纪的意识和安全价值的观念，切实提高全体人员自主保安、相互保安和业务保安的自觉性和主动性。要对班组成员进行培训，不断提高班组成员安全防范技能。要认真开展班组岗位隐患排查工作，定期排查作业环境等方面存在的隐患和班组组织管理中存在的不合理因素，及时采取针对性改进措施。

四、加强班组现场安全管理机制

班组长在进行现场管理的工作中，要建立并不断完善班组相互监督、自我约束的现场安全管理机制，坚决抵制违反规章制度的现象，认真开展安全生产标准化岗位达标建设，确定时间地点和人员对作业现场、安全设备及生产系统进行巡回检查，及时排查治理现场事故隐患，推进作业现场精细化管理，并对作业现场工程质量、岗位工作质量进行验收和评估，实现动态达标。

第二节 班组长在安全生产管理中的使命

班组长在安全生产管理中的作用

在实际工作中，班组长是企业制度和决策执行的关键，企业领导层的决策做得再好，如果没有得力的班组长们支持和配合，没有班组长组织一支强有力的队伍开展工作，那么经营层的政策就难以落实。班组长既要站在经营者的立场上传达命令，用领导者的身份组织执行命令，又要反映员工的工作状况和呼声。因此，在企业中，要加强企业管理，搞好安全生产，班组长是关键。班组长在班组安全管理工作中，应该注意以下几点。

一、抓好班组成员的规范化操作

班组长之所以成为一个班组的直接领导者，不仅有一定的领导能力，更重要的是具备熟练的安全生产操作技术和安全理论知识。要保证安全生产，班组长就要带领班组成员熟悉安全技术知识，掌握安全操作技术。同时，还要认真检查员工每一个操作环节的实际操作是否符合要求，监督员工规范化操作。不忽视每一处疑点，不放过每一个隐患，及时准确地发现安全隐患，预防事故发生，确保每天的生产正常进行。

二、充分发挥带头作用

班组长要在安全生产中发挥模范作用，严于律己，对班组成员的要求，自己应首先做到，还要做到最好，使员工充分认识到安全生产的重要性；要加强现场管理，制定现场管理的相关规定，用良好的安全生产行为影响和带动员工；要做到不违章指挥，不强令工人进行高危作业。

三、完善培训机制，加强安全教育

安全隐患和应注意的安全事项不是一成不变的。因此，首先班组长要定期组织安全培训，加强对班组成员的安全教育，提高员工安全业务素质。其次各班组成员应积极配合、参与班组开展的安全培训教育。

四、培育班组安全文化

安全生产不能只注重乏味的理论知识和操作技术，要更好地贯彻安全理念，要使安全有"灵魂"，并做好班组成员的思想工作，这样才能充分调动员工的积极性和自觉性。班长要注意把分析出的事故原因、总结出的利弊、归纳得到的启示和经验提炼出来，作为班组安全文化理念的结晶。同时，班组长也要让员工主动加入并积极参与到安全文化建设当中来。班组长可以在安全日到来之际，组织安全征文活动，进行安全演讲比赛，开展安全评估等，还可以定期组织生命价值研讨会，鼓励员工踊跃发言，增强员工的安全意识，由浅入深地贯彻安全文化理念。

五、制定奖罚制度，杜绝习惯性违章

生产中的不安全因素有很多，但通过管理可以大大降低人为因素。要抓好安全工作，班组长就要把管理放在首位，要让每个班组成员明确自己的安全工作任务、注意事项及相关责任，认真落实安全生产责任制，有奖有罚，赏罚分明。此外，在检查和监督员工生产的过程中，要严查习惯性违规，及时纠正其错误，"对症下药"。对在安全生产中做出贡献的成员，要给予物质和荣誉奖励；对违章、违纪、危及安全生产者则按条例处罚，对造成责任事故者要"不留情面"地重罚重处，让其吸取教训。

班组长作为企业最基层的生产领导者、组织者，要处理好安全和生产之间的矛盾，做到确保安全，力保班组的生产进度，使生产不受或少受影响，这是考验班组长的一道难题。始终坚持"安全第一"的思想不动摇，确保安全生产的持续稳定，是对班组长的能力素质和工作作风的考验。

班组长的安全生产管理责任

班组长是班组安全的第一责任人，对本辖区职工劳动环境及安全健康负责。要实现企业安全的零事故，就要严格管理生产。班组长应明确自己的相关管理职责，牢记肩负的使命。班组长的安全责任有以下几点。

一、贯彻执行有关安全生产的各项规章制度

班组长应组织班组成员参加班组安全生产日及其他形式的安全活动，召开班前会，严格执行安全生产的各项规章制度。

二、组织班组辖区内生产过程中的隐患排查，整改工作

班组长应定期检查员工执行规章制度的情况，监督班组成员做好交接班和自检工作；检查班组成员的劳动防护用品的使用情况，如发现防护用品有不安全因素应立即更换，确保用品安全、好用；要严格监护各项工作环节，落实安全防护措施；发生事故或未遂事故时，应立即保护好现场，并及时上报，事后要组织班组成员召开安全会议，吸取教训，提出防范措施。

三、组织班组安全教育、培训工作，负责班组安全考核

班组长要协助上级领导或自行组织安全教育和相关培训，开展岗位练兵活动，对新员工进行现场安全教育，熟悉工作环境，耐心讲解安全生产规程和规章制度；定期考核员工的生产操作，对安全意识强的员工或发现安全隐患的员工给予奖励。

四、检查维护生产设备、安全装备、消防设施

班组长要检查维护生产设备、安全装备、消防设施等，保证其经常保持完好和正常运转状态；要经常组织技术人员对生产的各种机械设施和消防设施进行检查，发现有问题要及时修理，从源头消除安全隐患，保证生产安全进行。

五、负责各种安全活动的记录，并保存备案

对各种安全教育活动、会议或生产事故，班组长都要进行详细记录，并保存归档，以备后用。

班组长的安全生产管理素质

班组长的素质在班组安全管理中有非常重要的作用，班组长自身素质直接影响班组的安全管理。因此，在选拔班组长的时候，不仅要求班组长懂生产、精技术、通安全、会管理，还要求班组长不断加强自己的安全生产意识、安全知识素养和安全责任感。

具体来说，对班组长的安全素质要求有以下几点。

一、具有较强的责任心和安全意识

安全生产工作关乎员工的生命安全，不能有半点马虎和虚假，因此，有责任心和安全意识是当好班组长的首要条件。班组长要有高度的责任心和认真负责的工作态度，才能时时、事事、处处保证员工的安全和健康。

二、过硬的专业技术

班组长应具有较强的专业技能，熟悉有关的安全法规和制度规程，这是当好班组长的重要依据。要求班组长具有过硬的专业技能，熟悉有关的安全法规，懂得劳动保护和安全技术知识，还要有丰富的生产实践经验，熟练掌

握所从事的岗位范围内的技术。此外，班组长还应具备辨别危险、控制事故的能力。

三、组织管理能力

组织管理能力是对班组长的基本要求。班组长要具有一定的组织和管理能力，带领和团结员工安全生产。班组长在实际工作中，首先要掌握先进科学的管理方法；其次要在保障班组安全生产顺利进行、提高班组整体管理水平和业务技能的基础上团结班组成员，形成安全生产的合力，善于待人，注重与员工之间的沟通，形成良好、安全的工作氛围。

四、一定的科学文化知识

要胜任班组长这个职位，就要具有一定的文化和安全科学文化水平。科学文化知识是掌握一切知识和提高业务能力的基础，而安全生产需要有多方面的综合性知识，是适应现代安全管理的需要。

五、身体和心理素质

班组长要有较强的身体和心理素质，这是当好班组长的必要条件。首先，身体状态良好，才能在关键时刻冲在前面，带头完成安全生产任务；其次，还要拥有良好的心理素质，善于了解员工的心理，调和员工之间的摩擦和矛盾，调动员工的工作积极性。

班组长抓安全生产的领导方法

在现代企业的生产中，最重要的任务是保证安全生产。为了完成这项任务，搞好班组的安全生产建设是最基本也是最关键的，而班组长作为班组安全管理工作的带头人，就要坚持安全第一、预防为主、综合治理的原则。同时，根据员工的不同特性，布置具体的安全工作，组织员工学习安全知识，对组员进行安全教育，定期检查安全设施，保障员工活动中的生产安全。那么，班组长在领导生产的工作中，该如何抓安全生产呢？

一、以身作则，顾全大局

在安全生产中，首先，对员工的要求，班组长要先做到，对颁发的规章制度要身体力行，以身作则，起到表率的作用。这将直接影响到班组长安全职责的履行，这样才能获得员工的支持，影响和带动员工共同搞好班组安全工作。其次，班组长要顾全大局，做好包括上岗人员的体力、精神状态、作业环境及事故隐患整改情况的确认；做好班组的安全教育工作；做到经常检查班组安全工作；发生重大事故时要先考虑员工安全，再考虑企业的经济效益，这才是正确地抓好企业安全生产的领导方法。

二、贯彻制度，"严"字当头

综观这几年来的安全事故，大多数是由于违规操作、违章指挥或违反劳动纪律等原因造成的，而安全生产工作是群众性的工作，抓好安全生产，要依靠群众进行全过程、全方位的管理。尤其是一些老员工，可能会因为自己技术娴熟而忽略安全问题，班组长要格外注意。对相关的规章制度，要严格贯彻执行，只有"严"字当头，职工的安全意识才能逐步树立起来，违章现象才有可能消除，事故才有可能杜绝。但是，严格并不是"吹胡子瞪眼"，班组长不能以自己是领导者就威仪慑人，在对员工就安全问题进行沟通时，要严而有格，严中有情，以理服人。

三、奖罚分明，民主管理

为了有效防止违章作业、违章指挥、违反劳动纪律的"三违"现象，班组长在日常管理中要制定奖罚制度，让员工养成良好的习惯。这是一种引导的工作方法，班组长要敢于坚持原则，奖罚分明。罚与经济责任制联系起来，但目的不是罚，要善于抓住典型，罚一儆百，告诫员工自觉地反对和制止不安全行为。

民主管理是要以班组成员为重心，走群众路线。在安全生产中，要集思广益，广泛征求并听取群众意见。

四、开展竞赛，调动积极性

在开展安全教育、建设安全文化的同时，班组长还可以开展安全各种形式和主题的知识竞赛，让员工在竞争中学习安全知识，加深对安全规章制度的理解和认识，提高员工的安全意识。这样就可以充分调动员工的工作积极性，认识到安全生产的重要性。

五、团结员工，模范带头

班组长作为企业安全生产的"火车头"，带好班组成员这一长长的"车身"，要发挥好模范带头作用，带头学习安全技术知识；带头遵守安全技术操作规程；带头搞好本岗位的安全文明生产；带头穿戴好个人劳动防护用品等。在"带头"的过程中，还要做到关心员工、帮助员工，使员工团结起来，以共同的力量避免事故发生。

班组长与员工进行安全生产交流的方法

班组长在开展安全管理工作时，要始终坚持"安全第一、预防为主、综合治理"的安全生产方针。随着安全管理工作的不断深入，如何进一步做好"事前预测、事中预防、事后总结"呢？首先应提高科学安全管理的理念，采取科学管理的安全监督管理模式，做好班组的生产安全工作。

安全不仅是企业的需要，也是每位员工及其家庭的需要，关系到员工的切身利益。班组长抓好安全工作，是在保护员工的安全，是在帮助员工，为员工服务。从这个意义上讲，员工与班组长之间的关系，应相处得很融洽。但在实际工作中，班组长与部分员工之间，往往还容易发生矛盾和冲突，导致关系紧张。因此，班组长应主动与员工进行交流，取得员工的信任和拥护。

一、掌握交流的谈话方法

班组长在与员工的交流中，要正确掌握谈话方法与技巧，并且从多次的交流实践中进行总结，提高谈话水平，才能使安全交流工作有所进展。对于不同的员工，要采取不同的谈话方法，如暴躁型的员工，他们往往听到某件事情或结果时，就会不假思索地暴跳如雷，但事后又会后悔。对这样的员工说话要力求委婉，不能太直接。在对暴躁型员工处罚时，可以先不说如何处罚，而是多交流，使其先认错，然后再提到处罚。

二、消除认识上的差异

员工对待安全的意识、态度与班组长不统一，这是造成矛盾的关键，主要表现为：安全意识淡薄，加上缺乏安全知识，因而不能正确地认识事故隐患。因此，班组长应通过交流，消除与员工认识上的差异。

三、找不准交流对象

班组长负责全盘工作，但因班组安全管理工作涉及的内容多，不能把全部精力都花在交流上。因此，班组长需要有针对性地找准交流对象。

四、缺乏思想上的交流

有时员工对于生产安全，在思想上存在一定的误区。因此，班组长必须通过谈心，进行有效的交流来寻求共识，达到相互理解。通过与员工的日常交谈，班组长要想方设法提高员工的安全意识，丰富员工的安全知识，以获取员工更多的关心、理解和支持，做好安全工作。

五、营造良好的谈话氛围

和谐的谈话氛围是使彼此顺利交流的基本条件，班组长在与员工沟通时，营造良好的谈话氛围，必须做到以下几点。

1. 在各方面都要做好表率

班组长要想说话有力度，使员工信服，自己就要处处做表率，没有违章违纪行为，思想作风过硬，才能在班组树立良好的形象，获得下属员工的尊重，谈话才有力度。

2. 建立和谐、融洽的关系

班组长在与员工进行谈话时，应通过把握谈话技巧，创造彼此交流的融洽氛围，是成功进行交流的一个方面。而在日常工作中，与员工建立良好平等、互爱互重的人际关系，是创造良好谈话氛围的关键之一。

3. 做好交流谈话的准备

作为一名班组长，对于每一次谈话都必须高度重视，每一次都应对谈话目的、谈话需要达到的效果、怎么谈、在什么地方谈、谈话中有可能遇到的矛盾冲突、如何解决、谈什么等问题进行一番周密的思考。最好还应对谈话对象的家庭、思想情况进行调查、研究，详细了解一些情况，尽量做到知己知彼，这样才能使交流获得成功。

在谈话前，班组长自己的思想目标也应明确，要有积极的心态；这是在为员工化解思想症结，做通思想工作，而不是使彼此之间的矛盾激化。此外，对每一次谈话，班组长都应考虑好最坏的结果，以便沉着应对。

4. 打破僵局，回避冲突

在对安全违章的员工进行处罚，或对安全隐患进行整改时，可能会与对方产生分歧，双方各持己见，谁都不愿意让步或妥协，因而形成了僵持的局面，甚至产生了对立的情绪。在这种情况下，班组长应沉着、冷静，表现出一种宽容和谅解的大将风度，不可以牙还牙、意气用事，否则，会扩大矛盾，加剧冲突，这种做法是不明智的。任何攻击、讽刺等损害对方自尊心的话语，都是错误的。在交流中，由于双方情绪激动，而使谈话陷入僵局，此时，可暂停谈话，或转移谈话话题，转向其他无关的话题。这样才能缓和气氛、消除对立情绪，取得其他方面的共识，形成缓冲。

班组长主动找员工谈话交流，是希望做好安全工作，也是对员工生命安全、身心健康负责。惩罚只是一种手段，而不是目的，目的是要让广大员工真正从思想上、行动上高度重视安全，并积极主动地参与安全管理，真正杜绝违章现象的发生。

第二章 安全生产管理机制：拉起班组安全生产管理准绳

第一节 班组安全生产制度建设

建立班组安全管理制度体系

在企业安全生产管理中，制定安全生产管理制度体系是极其重要的。安全生产管理制度体系可以指引和约束人们在安全生产方面的行为，明确各岗位安全职责，规范安全生产行为，建立和维护安全生产秩序，是安全生产的行为准则。安全生产管理制度体系以安全生产责任制为核心，主要包括安全生产责任制、安全操作规程和基本的安全生产管理制度三个方面的内容。

一、安全生产责任制

在安全管理制度体系中，安全生产责任制是最基本的安全制度，是安全制度的核心。安全生产责任制要求班组长按照安全生产方针和"管生产必须管安全、谁主管谁负责"的原则，全面贯彻"安全生产，人人有责"的思想。

首先，班组长要认真地执行安全生产规章制度及安全操作规程，合理安排班组人员工作，对本班组人员在生产中的安全和健康负责；要严肃对待员工生产前的准备工作，认真检查生产设备，做好安全意识动员，采取必要的安全措施。其次，要经常组织班组人员学习安全操作规程，监督班组人员正确使用个人劳保用品，经常检查班组作业现场安全生产状况，发现问题要及时解决并上报有关领导。最后，要做好新员工的安全教育工作。

二、安全操作规程

安全操作规程是生产员工在生产时操作机械设备、进行生产作业时指定的安全规则，是员工在工作中必须遵守的安全规则。它在实际工作中又被称为"安全技术细则"、"安全技术须知"等，是实行安全生产的基本文件，也是对员工进行安全教育的主要依据。它主要包括工作前安全检查的内容、方法和安全要求，安全操作的步骤、要点和安全注意事项，作业过程中巡查设备运行的内容和安全要求，故障排除方法和事故应急处理措施，作业场所及个人防护的安全要求，作业结束的现场清理等内容。另外，安全操作规程中对特殊作业场所作业时的安全防护要求要格外标明，并反复强调。规程的文字应简明易懂，不仅要指出具体的操作要求和操作方法，而且要指出应注意或禁止的事项。

三、基本的安全生产管理制度

班组长在安全管理工作中要建立基本的安全管理规章制度，以规定各个领域可能涉及的安全问题。班组长可以根据企业自身的实际情况制定基本的安全生产管理制度。基本的安全生产管理制度主要包括安全技术管理制度、安全绩效考核制度和安全监察制度等。

1. 安全技术管理制度

安全技术是作业人员进行操作时的安全保障，班组应配合安全责任制，建立安全技术管理制度。班组长可在班组内部实行"多家把关，一票否决"制，确保每一项操作都有严格的操作规程。对没有操作规程的作业或项目，坚决不施工，制定操作规程时要严把作业规程的编制、审批、贯彻、执行四个环节。此外，班组长要切实做好技术指导工作，成立技术检查小组和指导小组，把握安全技术的执行情况。

2. 安全绩效考核制度

落实各岗位作业人员的安全责任，首先，要建立班组安全绩效考核制度，对班组成员的作业情况进行评价和反馈，促进作业人员自觉遵守操作规程和各项规章制度；其次，要针对考核结果坚持奖惩分明，对坚持按章操作和遵守劳动纪律的员工给予奖励，对违章操作或造成事故的员工要给予批评和惩罚，应激励员工尽职尽责，做好本职工作，不断完善班组安全生产工作。

3. 安全监察制度

安全监察制度要求班组长要对本班组成员的日常及工作行为进行监督、督促和检查。具体说，要定期检查班组成员的操作是否合理、是否有习惯性违章的现象；机器设备的使用情况；是否遵守各项规章制度；监督员工的劳动防护用品的使用等。同时，班组长还要对各种检查结果进行处理，对事故坚持查清原则，及时处理责任人员，落实整改措施，对相关人员进行再教育。

执行班组安全管理制度应注意的要点

班组在组织制定好安全生产管理制度后，最重要的还是执行，在执行的过程中还应进一步完善这些制度。班组在执行安全生产管理制度时应注意以下几点。

一、严格执行，检查监督

执行安全生产管理制度时，要保证制度的严肃性，通过检查和监督，了解员工的执行情况，督促不执行或不严格执行的员工进行改正，让每个员工都自觉去执行制度。

二、违章必究，奖惩结合

在维护安全生产秩序的过程中，要定期开展安全评比活动，评选安全模范；要对认真执行制度中的每一项规定、对安全意识较高的员工进行奖励；对违反制度规定的员工，要按要求进行处罚，违反较轻的要责令改正，耐心教育，对严重违反制度规定的员工要给以经济处罚。

三、教育为先，提高自觉性

制度可能只是提出了对每一项工作或每一个行为的要求，更重要的是要让员工明白，为什么要这么做，从而发挥其主观能动性。因此，制度颁布后，班组长要针对制度中的每一点做详细解说，消除员工的抵触情绪。班组可以召开动员大会，让员工积极参与进来。尤其是对违反制度的员工，要对其说服教育。

四、总结经验，不断改善

制度制定出来，不能是一成不变的，随着制度的执行，可能暴露出一些不足之处。班组成员在实际工作中，要善于总结经验，相互讨论，不断修改和完善各项制度。制度修改后要及时告知员工，提高员工的警惕心。

贯彻落实班组安全责任制

班组在进行各项安全管理中，最重要的是贯彻落实安全责任制。班组的安全责任要"重担众人挑"。班组成员要严格执行各项规章制度，坚持有章必循，要充分认识到安全责任不仅是班组长的责任，也是班组中每个成员的责任。只有做到全员参与，齐抓共管，才能真正实现班组安全形势的稳定。班组贯彻落实安全责任制，要做到以下几点。

一、充分调动员工的参与意识

建立健全安全生产责任制是把企业安全目标任务落实到每个工作岗位的基本途径。实现安全生产不是一句空话，要充分调动每个人的参与意识，把责任的压力分解到每个职工身上，而不是仅仅凭借班组长等少数人的努力。班组长要对定期的安全活动进行记录，提出改进安全工作的建议和意见并进行总结。对发生的安全事故，要及时上报上级领导。

二、细化安全目标，制定措施

班组长要根据自己班组的工作任务和安全职责制定工作目标，分解细化年度安全目标，并与班组成员讨论，制定实现目标的实施措施。签订安全生产责任状，明确规定班组成员在安全工作中的具体任务、责任和权利，做到一岗一责制，使安全工作事事有人管、人人有专责、办事有标准、工作有检查，职责明确、功过分明，从而把与安全生产有关的各项工作同班组成员联结、协调起来，形成一个严密高效的安全管理责任系统，形成对事故的牢固安全防线。

三、检查落实状况，及时进行调整

检查安全责任制的落实状况，使安全生产规章制度和安全操作规程得到贯彻，保障各项安全工作的开展。同时，还要形成"一人违章，连带全班，人人安全，大家受奖"的机制，做到责任到人，监护到位，措施到项，这样才能确实保证达到"三不伤害"及设备安全运行的目的。如在工作中发现落实不到位或某项制度没有落实的情况，要及时落实，或者从制度本身寻找问题，对制度进行修改。

培养班组安全卫生理念

安全问题是一个广义的概念，它不仅仅指危及生命的安全事故，还包括危害身体健康的卫生情况。为此，班组长应带领班组成员培养安全卫生理念。在实际工作与生活中，要让卫生理念在班组成员的心中扎根。在生产过程中，坚决执行安全卫生生产的相关规定。每个企业和单位的岗位都不尽相同，无论从事何种职业，都有本职业的安全禁忌和要求，比如纺织厂严禁吸烟等。

实际上，吸烟在很多岗位上都被明令禁止，因为这不仅关系到员工自身的安全卫生，也会给工作场所带来安全隐患。除此之外，作为班组长还要带领班组成员创建和保持清洁卫生的工作场所。那么，班组应该如何创建一个安全、舒适而清洁的工作场所呢？

一、经常或定期整理物品、工具等

只有经常或定期整理物品、工具，才能做到使现场的有毒物品与无毒物品分开，有用物品和无用物品分开，并及时处理无用物品。

二、分类存放物品、工具等

把有用的物品分类加以存放，才能做到取放简单、使用方便、安全保险。

三、清扫施工现场

对施工现场随时进行打扫，及时清理垃圾、灰尘、污物或泄漏物等。

四、保持清洁

经常保持自己的个人卫生和服装整洁，车间环境要干净无垢。尤其当现场发生有毒物品泄漏后，要及时清理并消毒，否则会造成职业中毒。

另外，还要经常或定期对员工进行培训，让员工熟知并遵守职业安全卫生警示标识。在作业场所、设备、产品包装、贮存场所、职业病危害事故现场等醒目的位置设置职业安全卫生警示标识，班组成员要熟知其含义，同时，还要遵守职业卫生安全警示标识的规定。未经许可不挪动、不拆除职业安全卫生警示标识。

如果现场的职业安全卫生警示标识被物体遮住或弄脏时，应及时加以整修，并放在醒目的位置上。班组成员建立职业卫生理念，还要注重工作场所的安全装置和防护设施，这也是预防职业安全卫生事故发生的有效手段之一。在工作场所配置通风、除尘、排毒、净化、防暑降温、抗震、防噪等防护设施，还能有效地降低粉尘、毒物、物理因素等职业病危害因素的浓度或强度，使班组成员的身体健康得到有效保障。

作为班组长，还要让员工正确使用个人防护用品。因为职业安全卫生防护用品在预防职业病和工伤事故中发挥着十分重要的作用。

员工的袖口、衣襟如果敞开，或留着长头发，就有被卷入机器的危险。在工作场所，如果进入密闭的空间，应当佩戴适当的个人防护用品。如果在粉尘、毒物浓度超标的作业环境下工作，穿戴适宜的个人防护用品，能够达到保护员工自身健康的目的。

在开工前，班组应当按规定为员工发放个人的防护用品，并通过培训，使班组成员能够正确使用和维护个人防护用品。因为如果使用的方法不当，也会损害自身的健康。

班组长要定期督促和鼓励员工主动接受职业性健康检查，早发现、早诊断、早治疗。大多数职业病是不可治愈的，但是可以预防的。为劳动者提供职业性健康检查是用人单位的法定职责，劳动者主动接受职业性健康检查，不仅有利于保护劳动者自身健康，也有利于维护劳动者的相关权益。

（1）班组员工应在企业有关人员的组织下，到有职业病诊断资质的医疗机构进行体检。

（2）班组成员在岗期间或离岗时，都要定期进行职业健康体检。

（3）职业性健康体检项目，应当根据职业接触有害因素确定。

（4）刚进入班组的新员工在体检时，要如实说明过去的体检情况、工作经历和自我感觉状况。

建立班组安全教育培训制度

建立班组安全教育培训制度，是提高班组成员安全生产意识、提高员工自我保护意识与能力、满足员工对安全素质方面的需求的重要方法之一。班组安全教育培训制度包括以下几方面。

一、建立班组安全教育培训制度的目的

建立班组安全教育培训制度是为了规范企业安全教育培训，保证安全教育培训的质量，切实提高班组成员的安全知识和安全意识，从而保证企业的生产安全。

二、班组长在安全教育培训中的管理职责

班组长要全面负责班组成员的安全教育培训，监督员工在培训过程中的表现。

三、班组安全教育培训的主要内容

1. 安全思想教育

安全思想教育包括安全思想意识教育、方针政策教育、劳动纪律教育等，这是班组安全教育中最根本的一步。班组安全思想教育的目的在于给班组成员灌输一种安全愿望，建立安全意识。安全思想教育，并不是一次训话或一次示范就能解决的，而是一项长期的工作，这也要求员工要反复而巧妙地理解、领会和使用。班组还要通过方针政策和法律法规教育，使员工学习、掌握国家有关安全生产的法律、法规，树立牢固的法制观念。而劳动纪律教育是要培养员工遵章守纪的自觉性，在实际工作中做到不违章作业、不违章指挥、不违反劳动纪律，以提高企业的管理水平，预防或减少伤亡事故与职业病危害。

2. 安全知识教育

安全知识教育是通过通用的安全知识和各工种专业安全知识教育，提高员工的安全素质。安全知识教育包括生产技术知识、工业卫生知识和专业安全技术知识等。

3. 典型事例教育

典型事例教育是指在培训中，要举出一些正反两方面的典型事例，教育员工引以为戒，做到警钟长鸣，防患于未然。

四、三级安全教育

新进员工在分配上岗之前必须经过企业或工厂的三级安全教育。所谓"三级安全教育"是指工厂或企业教育、车间安全教育和班组安全教育。新进员工要经过层层考核，考核合格后方可进入生产岗位开始工作。

班组安全教育由班组长负责，班组长要采取讲解与实际操作相结合的方式进行培训，普通岗位人员培训时间不少于8个学时。第一，班组长要详细讲解本岗位的生产流程、特点和生产过程中应注意的事项。第二，要让员工明确本班组（岗位）设备、工具的性能和安全装置、安全设施、监控仪器的作用原理及使用方法、防护用品及消防器材的使用和保管方法等。第三，要让员工熟悉本岗位的操作规程和安全细则。第四，要说明岗位上存在的危险因素、以往事故的教训和经验以及防范和应急措施。第五，经班组长考核合格后，指定老员工带班操作。

五、日常安全教育培训

班组长还要重视在日常生活管理中进行安全教育培训，要定期举办各类安全法律、法规、安全技术培训，对员工进行全面、系统的安全教育。还可以利用广播、墙报、安全知识竞赛、事故现场教育、安全文化宣传等多种形式的安全活动，提高职工安全文化素质。

六、其他情况下的安全教育培训

（1）如果企业或工厂引进新设备（装置）投产或老设备（装置）采用新工艺、新技术前，班组长要对操作工或有关人员进行补充安全教育，保证其熟练掌握新设备或新技术，然后才能独立操作。

（2）如果车间员工有人事调动或长时间请假重新返回岗位的，也应进行必要的岗前或复岗培训和安全教育，只有考核合格后，方能从事新岗位操作。

（3）对发生工伤事故、严重违章违纪的员工，班组长要予以单独的教育和培训，或者上报管理部再次进行全面教育，考核合格后才可以让其回岗工作。

总之，安全教育培训可以帮助员工正确认识安全生产的重要意义，可以提高员工实现安全生产的责任心和自觉性；可以帮助员工更好地掌握安全生产科学知识，提高安全操作水平，保证安全生产的重要工作。班组长要充分发挥安全教育培训中的组织和领导作用，带领员工做好岗前的最后冲刺，保证企业安全生产。

建立班组作业标准制度

建立班组作业标准制度，可以有效规范生产作业人员的工作行为习惯，加强生产车间作业的规范化管理，提高班组长的工作效率和工作质量，有效防范安全事故的发生。

一、安全作业标准应规范的问题

（1）企业安全生产作业标准不规范，缺乏实际安全管理意义。

（2）生产作业中，安全管理职责分工不明确，造成安全管理混乱。

（3）企业的安全生产培训不到位或培训太过笼统，没有起到很好的激励作用，导致安全生产培训工作作用降低。

（4）安全作业标准文件内容不全面、格式不标准，且安全作业标准下达不及时，下达效果不理想。

二、建立作业标准制度时应明确的内容

企业建立安全作业标准制度，有利于加强企业对员工作业的安全风险控制，规范企业安全作业流程和工作内容，减少安全生产事故的发生。在建立作业标准制度时，应明确以下几方面的内容。

（1）建立班组作业标准制度时，要明确其编制依据和原则，使其具有实际操作意义。

（2）要明确各作业环节的安全注意事项和操作标准，在作业标准制度中规范安全作业内容。

（3）明确各班组长的安全管理职责分工以及各班组成员的工作任务，并对各相关人员进行定期考核。

（4）明确具体的编写要求，编制出班组作业标准制度后，应及时组织相关生产作业人员进行安全生产教育，保证安全作业标准的有效传达。

三、作业标准制度中应包含的内容

班组作业标准制度要根据企业的安全生产要求进行编制，其主要内容有以下几点。

（1）生产班组应在作业区域内明确划出安全通道，通道区域内尽量不放置加工品、材料、搬运车等，保证安全通道能使员工正常通行。

（2）作业人员在使用完相应的工具后，要将工具及时放回指定存放地点，不能随意将其放在墙边或柱旁。

（3）存放各种加工品、材料的时候，要注意其存放高度，不要超过高度限制，以免倾倒。

（4）灭火器、消火栓、安全出口、配电盘等附近，禁止放置物品。

（5）易爆易燃等容易引起火灾的物品要妥善存放，以免引起火灾。

（6）为生产过程中的不良品、破损品及使用频率低的物品设置专门的存放区域。

（7）班组成员在进行作业前，要注意按照生产现场相关规定穿着和佩戴安全护具，禁止生产作业人员衣着不整地进出作业现场。

（8）防护用品不得用于其他用途。

（9）要及时清理作业区域内的可燃垃圾和油污。

（10）班组成员进行每一项操作，都必须认真执行安全操作准则和各项规章制度，不冒险作业，不违章作业。

四、建立班组作业标准制度的原则

编制班组作业标准制度应注意满足"5W1H 原则"，5W1H 原则是指 Why、Who、What、Where、When、How，具体内容如图 2-1 所示。

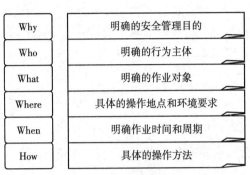

Why	明确的安全管理目的
Who	明确的行为主体
What	明确的作业对象
Where	具体的操作地点和环境要求
When	明确作业时间和周期
How	具体的操作方法

图 2-1　建立班组作业标准制度的原则

建立班组安全检查制度

在企业的安全生产管理中，安全检查是预防安全生产事故不可缺少的手段。为了认真贯彻执行"安全第一、预防为主"的安全生产方针，及时发现各个作业场所、各个机械设备、各个员工在生产中存在的危险因素并及时采取措施，消除隐患，防止和减少工伤事故及职业病的发生，保证企业的生产安全，就要建立班组安全检查制度，认真执行每一项规定。建立班组安全检查制度应考虑以下几点。

一、建立班组安全检查小组

班组要结合企业的实际情况，由各班组长组成安全检查小组，成立安全检查组委会，定期对班组成员进行安全生产检查，还可以选出安全生产意识较强的班组成员参与检查。

二、班组安全检查的方式

1. 日常检查

安全检查工作，应该是经常性的，各班组长每天都应该注意本班组的各项安全问题，如生产设备、班组成员的工作状态等，消除最小的安全隐患。

2. 专项检查

专项检查是有针对性地根据工作要求开展的安全检查。专项检查通常用于特定时期或针对某类质量问题较突出的产品和生产。

3. 突击检查

突击检查是针对一个特殊岗位或一个特殊的小区域进行的检查，它的特点是没有固定的时间间隔。

4. 特殊检查

如果有新购进的生产设备、新引入的生产工艺或是新建厂房等，可能会存在一定的危险因素，这时班组长需要开展特殊检查。

三、班组安全检查的主要内容

1. 检查工作环境

班组长检查工作环境主要是检查作业现场有哪些不安全因素，如消防通道是否畅通、产品或工具堆放情况、设备的安全距离、员工的安全活动范围、危险区域的防护情况等。

2. 检查机器设备的运行状况

机器设备的运行状况主要包括设备的安全防护装置和设备的维修记录等。

3. 检查员工的实际操作情况

班组长还要检查有无忽视安全技术操作规程的现象。如不按规定操作、没有安全指令、人为地损坏安全装置或弃之不用，冒险进入危险场所，对运转中的机械装置进行注油、检查、修理、焊接和清扫等。

4. 检查员工个人防护用品的使用情况

在进入作业场所开始操作之前，班组长应检查班组成员是否正确穿戴防护服、佩戴眼镜、手套或安全带等个人防护用品。

5. 对新进员工的检查

班组长应将新上岗员工作为重点检查对象。要对新进员工的各项操作进行全面检查，看其是否符合操作规程，如有不符，应及时指正。

6. 对安全标示的检查

班组长要对作业场所和日常生活中的各种安全标识进行检查，如有损坏要及时更换。

7. 对员工的工作态度进行检查

班组长要对员工在工作岗位上的工作态度进行监督和检查，检查员工注意力是否集中，有无违纪的现象，如在作业场所打闹、串岗、滥用机械设备等。

四、做好安全检查记录

班组长针对各项检查内容，对每一次的检查过程、检查内容及发现的安全隐患做详细的记录，总结检查经验。

五、检查结果的处理

班组长要根据安全检查的结果，总结安全检查的经验，对检查中发现的危险因素，要积极采取措施，防止事故发生。

建立班组事故预防处理制度

建立班组事故预防处理制度，可以规范员工的生产行为，减少或避免各种生产事故的发生，保证员工的身体健康和生命安全，保障企业生产经营活动的顺利进行。

一、班组事故预防处理制度的要点

（1）在班组事故预防和处理制度中，要对相关作业的安全防范要求做出明确规定，对危险作业，要规范其具体的安全操作程序和危险源控制方法。

（2）在制度中明确企业事故预防注意事项，设置危险作业审批程序，从管理层面上降低事故发生的概率。

（3）在制度中明确岗位所需的安全知识和技能，规定相关作业人员的上岗资质，在上岗前，对员工进行安全事故预防培训。

（4）在制度中，要明确相关作业和管理人员的安全管理职责以及各层间连带安全责任关系。

二、安全事故预防的对策

（1）针对生产过程实行机械化、自动化操作。

（2）在作业场所装设必要的安全保险防护装置。

（3）对生产设备或大型机械进行安全测验与电气绝缘检验。

（4）加强对机器设备的维护保养，定期对其进行检修。

（5）注重作业场所的布局与整洁。

（6）选用合适的个人防护用品。

（7）不断完善企业安全生产规章制度和职业卫生理念。

三、分析事故原因

发生事故后，班组长除了要做好应急处理，还应及时收集事故发生的原因，通过调查分析，确定导致事故的直接原因和间接原因。导致事故发生的直接原因是指机械设备或环境的不安全状态以及个人的不安全行为，如防护、保险装置失灵，缺少个人防护用品或使用不当，作业场所布局不合理，操作错误等。而导致事故发生的间接原因包括生产技术和设计上的缺陷，安全操作技术的教育、培训不够，劳动分配或组织不合理，对现场工作缺乏检查或指导发生错误，没有安全操作规程或规程不健全，没有或不认真实施事故预防措施，对事故隐患整改不力等。

四、明确事故责任

根据事故原因的分析结果和导致事故发生的直接原因，确定事故的直接责任人；根据间接原因确定事故的领导责任人；根据在事故发生过程中的作用，确定主要责任人；根据事故后果和事故责任者应负的责任提出处理意见。

建立班组安全考核制度

为了贯彻落实企业的各项安全生产规章制度，确保企业安全生产方针和目标的顺利实现，激励员工奋发进取，自觉遵守安全生产规章制度，搞好安全生产工作，持续改进安全绩效，企业要建立班组安全考核制度。

安全考核制度，是针对员工安全生产的实际工作情况，按照制定的考核标准，采用一定的考评方法对员工进行考核。班组长应根据考核结果，对员工的表现做出奖励或惩罚，总结工作中的不足之处，改进各项制度，提升员工的工作能力和安全意识。建立班组安全考核制度需要考虑以下几个方面。

一、建立班组安全考核制度的原则

1. 公平

在安全生产管理中，不同的岗位会有不同的要求，班组在建立安全考核制度时，要注意公平性，对于同一岗位的员工使用相同的考评标准。

2. 公开

班组长应按照班组安全考核制度，定期对班组员工进行考核，并将详细的考核结果公布，让员工知道自己的安全生产奖罚情况。

3. 客观

在考核时，班组长要本着客观性的考核原则，考核过程和结果要客观地反映员工的实际情况，避免由于光环效应、亲近性、偏见等主观原因带来的误差。

4. 一致

已经建立的安全考核制度，应该在一段连续时间之内（一般是一年）保持不变，考评的内容和标准要具有一致性。

二、建立班组安全考核制度的意义

（1）建立班组安全考核制度，定期对班组员工的安全生产和安全意识进行考核，可以有效提高员工的工作积极性以及安全生产意识，保证安全生产目标的顺利实现。

（2）班组安全生产考核制度是企业各项规章制度的重要组成部分，建立班组安全生产考核制度，有利于健全和完善企业的人事管理系统。

（3）定期对班组员工进行考核，可以全面掌握员工在日常工作中体现出来的工作能力、工作态度和工作成绩，进行以事实为依据的评价。

三、考核分值设置

对员工的考核应采用评分制，可以根据企业的实际情况以及各个岗位的要求，进行详细规定。对于特殊任务应详细说明。与此同时，要建立奖罚制度。

四、考核内容

考核内容应包括生产过程中的安全意识、对待重要任务的态度、日常安全教育的相关表现等。根据企业实际情况，可以增加其他考核项目，以全面了解员工的情况。

五、其他事项

（1）考核应每季度进行一次。

（2）考核结果要及时公示。

（3）公司的绩效考评工作由人力资源部统一负责。

（4）考核结束后，考核负责人要组织召开大会，总结经验，商讨奖罚及改进措施。

（5）班组长要召开班组成员会议，总结这一季度的工作情况。

第二节　班组安全生产管理的基本原则

坚持"三勤"原则

做好班组的安全管理工作，是企业维持生存和持续发展的永恒主题，也是班组长工作的重要目标。班组长从长期的实际工作中深深体会到，只有不断创新，才能把班组的管理工作做好。只有结合本班组的具体情况，才能把安全管理工作做到员工的心坎里，才抓住了安全管理的关键。

"三勤"，即"腿勤"、"嘴勤"、"脑勤"，"三勤"主要是对班组安全员而言的。安全员在进行安全检查时，不能敷衍了事。巡视检查设备要做到"听、闻、看"，即听设备有无异常的声音，闻设备有无异味，看设备有无异常的情况。在检查施工现场时，要注意安全措施是否落实到位。此外，还要注意员工是否有违章现象，工作情绪是否正常、安全用品的使用是否符合要求等。只要安全员做到"腿勤"，安全检查就不会留下死角，整改措施就会落到实处，安全事故就不易发生。

安全员要"嘴勤"，要及时传达上级有关安全方面的要求，协助班组长组织员工学习相关的安全规程和资料，通过学习提高员工的安全技能，达到安全教育的目的。对违反安全规程的行为要坚决予以制止，同时，还要对违章的员工耐心地进行安全思想教育。安全员还要"脑勤"，为了提高自己的业务素质，还要不断学习，拓宽自己的知识面，提高自己的知识理论水平，并将知识理论与生产实际相结合。要利用学过的知识想办法，解决实际问题，针对具体情况，要采取具体措施进行整改，消除不安全因素，防患于未然。

只有做到了"三勤"，才能保证班组的安全生产，才能为企业的安全生产打下坚实的基础。安全员也只有做到"三勤"，才算得上是一名合格的安全员。

班组长每天的工作千头万绪，十分繁杂，做到"心细"、工作杂而不乱必须有经验和方法。经验丰富的班组长所总结的经验：应从每天的班前会开始，针对当班出勤状况，分析岗位人员配置，做到心中有数，尤其对于一些特殊岗位，在班前会上应仔细观察岗位员工的精神状态，然后再考虑是否安排员工工作。

此外，在给员工分配工作时，班组长应认真考虑什么性格的员工适宜干什么性质的工作。尽量做到量才使用，发挥员工的长处。这样，就能提高工作效率，减少因为个人因素可能带来的安全隐患。

在工程质量上，班组长应严格按照施工要求、操作规程和安全技术措施进行施工，严把工程质量关。生产过程中注重细节，勤于检查，抓好落实。只有把这些工作做好，才会把安全隐患消灭在萌芽状态。

坚持"三到位"、"三不少"、"三必谈"、"三提高"原则

班组生产涉及不同的工种、行业，而各个工种和生产行业由于本身的特点，其工作条件往往是复杂多变的。作业环境差、危险因素多的工种和行业，客观上存在着很多安全上的隐患，如果不经常对工作地点及设备的安全状态进行检查，就有可能会酿成事故。

有些特殊行业的班组，如煤矿的采煤班组，员工常年在地下采煤，危险

系数高，条件艰苦。因此更应坚持安全第一的理念，在任何情况下，都要把安全生产放在第一位，坚决做到不安全绝不生产。

对安全管理工作要求严格的行业，班组长除了做到"三勤"以外，还应做到"三到位"、"三不少"、"三必谈"、"三提高"，从各个方面落实安全管理。当然，其他行业的班组长也不例外，也要以此标准来要求自己。

一、"三到位"

所谓"三到位"，即布置工作到位、检查工作到位、隐患处理到位。

（1）布置工作到位是在每天上班前，班组长布置工作时，必须详细、清楚地把工作任务、安全措施等内容向员工交代明白。如果在哪个方面有上一班的遗留问题，必须在班前会上提请员工注意，及时加以解决。

（2）检查工作到位是指班组长对自己所管的范围，要反复巡回检查，每个环节、每个设施设备都要及时检查，不放过任何一个隐患点。

（3）隐患处理到位是指班组长要善于发现开工现场的隐患和问题，对于隐患和问题，能处理的要及时处理，当时处理不了的，就在"公示牌"上写下隐患情况，指令有关人员限时处理。

二、"三不少"

所谓"三不少"即班前检查不能少、班中排查不能少、班后复查不能少。

班前检查不能少。接班前，班组长要对工作环境及各个环节、设备依次认真检查，排查现场隐患，确认上一班所遗留的隐患和问题，并指定专人予以整改。

班中排查不能少。坚持每班派专人对各个工作点进行巡回排查安全隐患，重点排查在岗职工的精神状况、班前隐患整改情况和生产过程中的动态隐患。

班后复查不能少。班组长在当班结束后，对安排的工作要进行详细复查，对工程质量和隐患整改情况要重点复查。一旦发现问题，要及时处理。如果有暂时处理不了的问题，要在现场向下一班的员工交接清楚，并及时向上级汇报。

三、"三必谈"

所谓"三必谈"，即发现情绪不正常的人必谈、对受到批评的人必谈、必须召开一次谈心会。

发现情绪不正常的人必谈。班组长要注意观察了解员工的思想情绪。发现有情绪不正常、心情急躁、精力不集中或神情恍惚等问题的员工，再忙也要抽出时间，及时与其交流沟通。弄清原因后，再因势利导，消除该员工的急躁和消极情绪，使其保持良好心态和注意力投入工作，提高其安全意识。

此外，对受到批评的人必谈。对受到批评或处罚的人，班组长要单独谈心，讲明对其批评的原因，消除其抵触情绪。每月必须召开一次谈心会。

四、"三提高"

班组每月至少召开一次谈心会，组织员工在一起，让大家交谈安全工作经验，反思存在的问题和不足，做到互学互帮、共同提高。在班组安全管理工作上，一个人的力量毕竟有限，班组长要发动所有的员工增强安全意识，人人行动起来，才能把班组的生产安全工作做好。在这方面，班组长也有可以借鉴的经验，即"三提高"——提高安全意识、提高岗位技能、提高团队凝聚力和战斗力。

（1）提高安全意识。班组长应通过各种方式，采取各种方法，教育员工时刻绷紧安全这根弦，时刻把安全放在心上，坚决做到不安全绝不生产，以此引导员工牢固树立"安全第一"的理念。

（2）提高岗位技能。班组长要经常与员工一起学习、研究各工种的工作原理和操作技术，提高安全操作技能。经常组织员工针对生产和现场管理中出现的问题一起讨论，共同寻找解决问题的办法，以此提高班组成员的综合素质。

（3）提高团队凝聚力和战斗力。班组长要想方设法调动班组内每一个员工的积极性，不让一名班组成员掉队落伍，争取使大家都学会各项本领，包括安全知识和技能等。员工在生产安全上会偶犯错误和疏忽，班组长不要乱发脾气，而必须因人施教，耐心地向员工指出思想和问题的根源，并发动其他员工一起帮助其改正错误和缺点。

第三节　班组安全生产文化建设

班组安全文化建设的目标

班组安全文化是安全理念、安全意识及其指导下的各种行为的总称。班组是企业安全文化建设的重点。班组安全文化建设是通过各种载体、手段和有效形式，如形式多样的安全教育培训、安全预演活动、安全知识竞赛等，把企业相关的安全管理理念、制度以及安全行为规范，融入或渗透到班组成员的思想中，使班组成员循序渐进地树立起正确而牢固的安全意识、安全价值观，共同营造安全生产的班组安全文化氛围，这是班组文化建设的目标所在。

具体来讲，班组安全文化建设的目标有以下几点。

一、增强安全意识

建设班组安全文化，使企业员工以及管理者树立正确的安全意识与价值观念，各班组成员能正确处理与安全、发展、效益三者之间的关系。

二、树立制度观念

要通过班组安全文化，增强员工的制度观念，在作业时自觉遵守劳动纪律，严格执行操作规程，积极采取安全措施，减少"三违"和受伤事故发生的概率，逐步完善安全文化制度。

三、规范操作行为

通过组织各种安全培训、安全教育活动等，增强员工的安全操作意识，规范员工的安全作业行为，不断提高自身的劳动技能，减少或消除因错误操作而引起的安全事故。

四、改善生产环境

使作业环境得到明显改善，安全管理水平得到提升；使得对安全过程管理与考核更加高效化、标准化；减少或杜绝安全事故隐患。

五、营造安全氛围

能够在班组中营造出强大的班组安全氛围，增强员工在班组中的安全感和归属感，减少安全事故的发生。

六、形成工作活力

通过班组文化的渗透，形成持续的班组工作活力，提升员工的执行力和战斗力，有效调动员工的工作积极性，使员工素质不平衡的局面得到改善。

七、塑造团队形象

形成集安全效益、质量、创新、学习为一体的独具特色的班组，逐渐树立起良好的企业形象。

班组安全文化建设的主要内容

从广义上讲，班组安全文化包括班组安全物质文化和班组精神文化。将其细分后，班组文化建设的内容则更加丰富。班组文化建设包括以下具体的内容。

一、建立健全规范可行的安全制度文化

在班组安全文化建设中，首先要确保制定的各项安全规章制度切实、规范、可行，并严格执行；明确员工的安全责任，并落实到人。在各项安全规章制度的基础上建立奖罚分明的安全防护监督体系。

二、建立标准稳定的安全物质文化

安全物质文化基本上包括作业环境安全、生产过程安全和设备控制安全三个方面。这要求班组成员在工作过程中，将作业场所中的不安全因素控制在标准范围内，在进入工作场所前，要注意佩戴好个人防护用品，工作人员要熟悉各种原物料的性能和参数等，熟练掌握工艺流程或要熟练操作机器设备，以实现作业过程中的安全。

三、建设丰富多样的安全观念文化

要建设形式多样的安全观念文化，首先要做到安全教育和安全主题活动的形式多样化，全面开展安全主题征文比赛或普及安全技术，通过这些教育

培训和各种活动，不断提高班组成员的安全意识，定期更新和整理各种安全知识和"三级"教育内容。

四、建立规范有序的安全行为文化

班组长要鼓励班组成员在工作之余或安全主题会议上交流安全操作技能，并在安全知识交流的基础上通过多种渠道熟练掌握安全知识。树立安全先进个人和集体的典型，加强员工的职业道德教育和精神文明建设，树立良好的工作习惯。

综上所述，加强班组的文化建设，有利于树立良好的班组形象，可赢得社会大众与班组成员的整体印象与评价，是一种无形资产。因此，班组要将安全文化建设全面贯彻到企业的安全生产理念中。

班组安全文化建设的要点

班组安全文化建设是一项庞大的工作任务，应抓住建设要点，有条不紊地进行。建设班组文化应专注于以下要点。

一、企业领导层要对安全生产做出承诺

安全承诺是企业进行安全文化建设的核心。也就是说，企业在生产作业前，应公开向社会做出的对企业全体员工的安全承诺。其具体要求如下。

（1）安全承诺首先表现在本企业在安全生产方面的自我约束高于国家政策、法律和政府监督的要求。

（2）在企业内部，领导层要明确安全生产问题具有最高优先权。

（3）班组安全文化建设应根据企业的实际发展情况，切合本企业的特点，反映全体员工的共同安全志向，得到全体员工以及相关人员的理解和认同，使员工自觉遵守。

（4）对于做出的安全承诺，企业的主要负责人应首先做出表率，让员工看到其对安全承诺的实践和对安全生产的决心。

（5）企业员工也应积极参与，理解企业做出的安全承诺，主动融入班组安全文化中。

二、督促班组成员遵守行为规范

在日常作业中，班组长应督促班组成员遵守内部行为规范，达到安全绩效，进而实现安全目标。这就要求班组长积极配合部门领导，结合实际情况，根据成员意见，参与行为规范的制定工作。

当然，班组成员也应自觉按照规范作业，对于搬运或操作危险化学品作业、密闭空间作业、低温或冷水作业、临时用电作业、高空作业等危险性作业更要严格按照审批程序执行。

三、班组安全文化建设要突出特色

每个班组都有其独特的优势、特点，班组长要紧紧围绕自己班组的特色，把班组日常安全管理工作与安全文化建设有机结合起来，以安全为主线，建设有自己班组特色的安全文化。

四、建设班组安全文化要持之以恒

班组安全文化建设并不是短期的或阶段性的行为，它是一种无形的柔性的管理模式，需要系统持续地进行。班组安全文化一旦形成就需要持之以恒、坚持不懈地持续推动与改进。只有长期坚持，才能按照既定的正确的安全主题，使班组成员形成共同的价值标准、思维方式和行为规范，发挥其积极作用。

五、建设班组文化要有创新精神

班组文化不是一成不变的，因为班组所处的社会环境、企业的经营情况、班组成员的构成和思想等都处于不断变化之中，所以，班组安全文化建设需要与时俱进，勇于创新。班组长要根据自己班组的实际情况，结合企业的动向，在日常安全生产管理中，不断研究作业中的新情况、新问题，制定新思路、新办法，丰富发展班组安全文化的内容。

六、重视宣传教育培训

一般情况下，班组成员的受教育程度普遍较低，对新知识、新技能的接受程度有限。班组长应该加强对班组成员的安全宣传教育培训，不断向员工灌输安全知识、事故案例，提高其安全意识、安全素质，树立正确安全的价值观，将安全文化变成员工的自觉行动。

七、其他要点

在建设班组安全文化过程中除了抓住上述要点外，还要注重其他要素，如安全行为激励、安全信息传播与沟通、审核与评估等。

班组安全文化建设的模式

班组安全文化建设的模式分为两个层次：一是外在指导层，主要是指国家的相关政策、法律、法规、条例等政策理论性指导层，以及企业的各项规章制度指导层；二是班组内部的指导，具有班组特点的安全文化及具体实施内容。

一、外在指导层

1. 国家相关外力

国家相关外力在这里是指国家机关、政府部门颁布实施的安全生产管理体系。

2. 企业安全管理制度

安全文化建设涉及的面很广，企业安全管理制度也是安全文化建设的一部分，它是由管理层和决策层参与监督、检查，企业全体员工执行实施的一种安全文化建设模式。建设手段包括三同步原则（同步规划、同步实施、同步发展）、目标管理法、意识及管理素质教育、无隐患管理法、系统科学管理、事故保险对策、应急预案对策等。

二、班组层

班组层的安全文化建设包括以下三个方面。

1. 班组成员安全文化建设

班组成员的安全文化建设手段包括十种传统的方法：日常作业教育、三级教育、检修前教育、持证上岗、班前安全活动、标准化岗位和班组建设、"三不伤害"（不伤害自己、不被他人伤害、不伤害他人）活动、技能演练、定置管理、5S活动。现代安全文化建设的手段有以下几种："三群"（群策、群力、群管）对策、"仿真"演习、事故判定技术、"危险预知"活动、"班组建小家"活动、风险抵押制等。

2.作业现场的安全文化建设

在作业现场安全文化建设模式下，传统的安全文化建设方法有安全标语、安全标志（禁止标志、警告标志、指令标志）、事故警示牌等。现代的生产现场安全文化建设的方法有技术与工艺的本质安全化、现场的"三标"（标准化班组、标准化岗位、标准化现场）建设、车间安全生产责任区、"三防"管理（防尘、防毒、防烟）、"四查"工程（查岗位、查班组、查车间、查厂区）、"三点"控制（事故多发点、危险点、危害点）。

3.班组人文环境安全文化建设

班组人文环境安全文化建设主要是指组织一些与安全教育相关的活动，如在工作之余可制作安全宣传墙报，开展安全生产周（日、月）、安全竞赛活动、安全演讲比赛、事故报告会等。除此之外，还有一些现代化的安全文化建设方法，如安全文艺活动、事故祭日、安全贺年（个人）活动等。班组长应该组织形式多样的安全文化活动，丰富员工的节假日生活，完善班组安全文化建设的内容。

班组安全文化建设的途径与方法

班组作为企业的一个生产单元，既是企业安全管理的关键点，又是企业安全管理的落脚点，但是，在实际生产工作中，通过对班组生活与生产调查，员工在安全生产方面仍然存在着诸多问题，如安全生产意识薄弱、安全生产知识缺乏、安全生产培训力度不够、安全生产宣传只注重形式而不注重与生产实践相结合、安全生产制度只挂牌而无实用，员工对此不屑一顾等。那么，该如何加强班组安全文化呢？加强班组安全文化建设又有何方法与途径呢？

一、健全制度，有效监督

安全文化建设的最终实现与发展，是依靠班组来实现的，要加强班组安全文化，首先要从制度上入手。俗话说，"没有规矩，不成方圆"，此话的确在某种程度上有一定的积极效果。班组应积极建立健全安全生产规章制度与操作规程，以制度的方式约束和规范人的行为，有效监督员工的作业流程和日常行为规范。

二、转变思想，科学发展

除了建立有效的制度体系之外，班组应结合生产工作的实际情况，把思想工作作为安全文化建设的重要内容之一，而且在安全文化中占主导地位。班组长要善于发现，善于总结，引导员工的消极思想和不满态度转变为积极、有效的工作思潮，这也是决定安全文化建设成败的关键因素。班组长作为班组最直接的领导者，要从整体和长局发展来综观班组安全文化建设，积极转变职工思想，以正确的思想引导人，避免因循守旧、马虎大意、经验主义等思想在班组中泛滥，影响班组文化的进一步完善。班组长应认识到安全文化建设的重要性，不断从生产实践中总结与归纳，逐步完善自身思想，以确保安全文化建设能持续有效地进行。

三、加强培训，重视宣传

要加强班组文化建设，光强调安全生产是不够的，没有系统的安全文化知识，仍不能切实保证"安全零事故"。因此，安全生产需要有一定的安全知识作为指导。与此同时，还要加强安全培训，重视宣传的实际效果，而不只是形式。加强安全培训要有的放矢，有深度和力度。而宣传是要切实发挥其作用，使宣传能够切实影响到员工的思想和行为，在无形中规范他们的行为。

四、加大投入，发挥作用

要想更加全面地预防安全事故，还要不断加大对设备的投入，与抓好安全文化建设联合起来。这就要求班组长应将机械设备的检查记录及时上报给上级领导，了解市场上的新技术、新设备并提出更新建议，使生产设备处于相对安全的环境中。此外，还要加大员工个人劳动防护用品的更新和替换力度，最大限度地发挥劳动防护用品在员工作业时的作用。

五、营造良好的安全文化氛围

班组安全文化是经过长期的经验不断总结出来的，它是所有班组成员智慧的结晶，具有极强的凝聚力。因此，加强安全文化建设，就要在班组的日常生活与工作中，使每个成员都努力营造良好的安全文化氛围，形成一种相互关心、共同进步、开拓进取的良好氛围，激发班组成员的安全工作创造热情，自觉将安全意识在心中扎根。

第三章 安全生产常识培训：班组长不可不知的安全常识

第一节 高空作业安全常识培训

高空作业的危险隐患

高空作业是指人在一定位置为基准的高处进行的作业。国家规定，在超过基准面2米（含2米）的高处进行作业，都被视为高空作业。这一规定在建筑业中应用比较广泛。那么在进行高空作业时，存在哪些隐患呢？

一、操作时的隐患

员工在进行高空作业时，如果不按照相关规定章程的操作方式进行作业，自作主张，就可能发生意外。

二、设备与材料存在的隐患

作业时所用到的设备与材料也可能是隐患，例如设备中的隐患可能有吊绳老化磨损、锁扣锁闭不严等；材料中存在的隐患可能有使用易燃物品、有毒物品等。

三、作业环境中的隐患

在特殊天气中进行高空作业也存在一些安全隐患，比如大雾天气、大风天气、酷暑天气等，还可能是高空有突起物或锐物会刺伤作业人员等。

四、员工自身的原因

包括身体素质与心理素质两方面，如员工的身体素质差，或是有恐高心理，或是心情不愉快等，都是危险隐患。

高空作业前的准备工作

为了防止高空作业时发生高空坠落的事故，班组长最重要的工作是做好高空作业前的准备工作，这是高空作业安全的保障。班组长要督促员工积极配合工作，做好各项准备。

一、检查员工的身体和精神状态

在进行高空作业前，班组长首先要对准备进行高空作业的员工进行检查，检查内容主要包括身体和精神状态两个方面。在检查过程中，如发现以下情况，要禁止其登高作业。

（1）发现员工没有相关上岗证件。

（2）发现员工年龄较大。

（3）发现员工的身体状况不佳，患有心脏病、高血压等疾患。

（4）发现员工空腹、饮酒或过度疲劳。

（5）发现员工情绪不好，注意力不集中，精神状态较差。

二、进行作业前训话

班组长要例行训话，强调作业时应注意的问题，巡查员工的个人劳动防护用品佩戴情况，打好安全"预防针"，提高员工作业时的警惕心。

三、检查作业环境

（1）检查工作中用到的安全绳是否合格、有无破损以及其固定部位是否牢固。安全绳在建筑物顶部的绑扎固定部位不得在同一受力处，必须是分别的两处，一经发现不符合要求，立即停止工作。

（2）检查作业下方的防护网是否牢固，结绳处是否结实、有无破损，若发现问题，要立即更换。

（3）检查员工的操作平台固定是否牢固，设备电源或其他按钮是否处于原始状态。

高空作业坠落的防护

高空作业坠落是在进行高空作业时，由于操作不当或防护不良导致作业人员从高处坠落，受到高速的冲击力，使人体组织和器官遭到一定程度破坏而引起损伤。有些企业尤其是一些建筑类的施工项目中，会经常涉及高空作业。为了保障员工的身体和生命安全，如果涉及高空作业，班组长就要负责组织人员建立起相应的防护措施。有关高处作业的施工项目中应注意以下防护措施。

一、员工个人用品防护

在进入施工现场之前，每一位员工都必须按标准正确戴安全帽，挂安全带时要符合标准和作业要求，不能马马虎虎。班组长要仔细检查员工对防护用品的佩戴情况。

二、预留口和安全网的防护

在高空作业点的下方必须设立安全网，凡无外脚手架作为防护的施工，必须在第一层或离地高度 4 米处设一道固定安全网。同时，要有较大的预留口，并将其封严，在预留口的边缘处设防护围栏，或在口的上面铺满木方，或用有安全标志的盖板盖严。

三、临边作业时的防护

临边作业是指在施工现场中，工作面边沿无围护设施或围护设施高度低于 80 厘米时的高处作业。基坑周边、无防护的阳台或各种垂直运输卸料平台的周边等都属于临边。进行临边作业，要在作业点下方搭设安全网进行防护。

四、攀登作业时的防护

攀登作业的危险系数很高，容易发生意外。在整个作业期间，必须在规定的通道行走，攀登前，要对梯子或其他攀登工具进行严格的检查。

五、悬空作业时的防护

构件吊装、钢筋绑扎等需要进行悬空作业，要检查作业时所需要的工具，禁止在钢筋骨架上站立或攀登。

六、交叉作业时的防护

交叉作业极易造成横向或纵向的坠物伤人。因此，在上下不同层次之间，必须要在前后、左右方向设置一段横向的安全隔离距离，此距离应该大于可能的坠落半径。如果不能达到这一要求，就要设置能防止坠落物伤害下方人员的安全网，要注意根据高度与负重能力牢牢固定安全网上的绳结。

七、作业警示、监护

在进行高空作业时，班组长要注意检查在高处作业范围以及高处落物的伤害范围设置或检查安全警示标志，并设专人进行安全监护，防止无关人员进入作业范围，防止落物伤人。

另外，班组应该组织学习国家的相关政策和规定，例如，《安全生产法》、《建筑法》、《建设工程安全管理条例》、《建筑施工高处作业安全技术规范》和《建设工程预防高处坠落事故若干规定》，切实做到"安全第一，预防为主"。班组长尤其要把安全的检查制度、奖惩制度落实到位，如果发生了坠落事故，要分析事故原因，进行整改。

高空坠落应急处理

高空坠落通常发生在建筑施工中和电梯安装过程中等。高空坠落可能会导致人的多个系统或多个器官的损伤，高空坠落时，足或臀部先着地，外力沿脊柱传导到颅脑而致伤；如果由高处仰面跌下时，背或腰部就会首先受冲击，引起腰椎前纵韧带撕裂，椎体裂开或椎弓根骨折，易引起脊髓损伤。脑干损伤时常有较重的意识障碍、光反射消失等症状，也可有严重并发症的出现，甚至会导致当场死亡。

如果在进行高空作业时，发现有员工发生高空坠落，班组长要立即组织人员进行应急处理。

（1）检查伤者基本情况，去除伤员身上的用具和口袋中的硬物，同时立即报告上级领导。

（2）将伤员抬到安全地带，在搬运和转送过程中，要注意应使伤者的脊柱伸直，绝对禁止一个抬肩一个抬腿的搬法，以免发生或加重截瘫。

（3）解开伤者的衣领，保持其呼吸畅通，并对伤者进行简单包扎。如果发现有伤口流血，应立即使用止血药或绷带止血。

（4）拨打120，将伤者送往医院进行进一步检查治疗。

（5）将伤者转移到医院的同时，班组长要组织专业技术人员检查操作工具或设备，切断电源，以免发生其他安全事故。

（6）查明事故原因，上报上级领导。

第二节　高温和低温作业安全常识培训

高温作业的类型

高温作业是指有高气温、有强烈的热辐射、伴有高气湿（相对湿度≥80%RH）相结合的异常作业条件，或者"湿球黑球"温度指数超过规定限值的作业。高温作业包括高温天气作业和工作场所高温作业（高温天气是指地市级以上气象主管部门所属气象台向公众发布的日最高气温35℃以上的天气；工作场所高温作业是指在生产劳动过程中，工作地点平均WBGT指数≥25℃的作业）。例如炼钢、炼焦、火车或轮船的锅炉间、锻造、热处理等都属于高温作业环境。目前，高温作业可分为以下几类。

一、高温、强热辐射作业

这类作业主要包括冶金工业的炼焦、炼铁、炼钢等车间机械制造工业的铸造、热处理等车间；陶瓷、玻璃、建材工业的炉窑车间；发电厂（热电站）、煤气厂的锅炉间等。这类工作场所属于干热环境，其特点是气温高、热辐射强度大、相对湿度较低。

二、高温高湿作业

高温高湿作业的工作场所包括纺织印染工厂的印染车间、螺丝或造纸车间、深井煤矿中等。这类工作场所相对湿度达到 90%以上，气温达到 30℃以上。

三、夏季露天作业

夏季露天作业主要包括建筑工地上的起重、搬运、筑路等。在这类工作环境中作业的人员，不仅会受到太阳的辐射作用，还会受到被加热的地面周围物体放出的热辐射作用。露天作业中的热辐射强度虽较高温车间低，但作业的持续时间长，中午前后气温升高，极易形成高温、热辐射的作业环境。

高温作业对健康的危害

从高温作业的类型我们可以看出，高温作业的工作场所相对恶劣，再加上劳动强度大，会对人体造成一定的伤害。高温可使作业人员感到热、头晕、心慌、烦、渴、无力、疲倦等，可出现一系列生理功能的改变，主要表现在以下几个方面。

一、体温升高，渗透压失调

在高温环境中作业，会使作业人员体内蓄热，体温升高，还会导致大量水盐丧失，引起水盐代谢平衡紊乱，从而导致体内酸碱失衡和渗透压失调。

二、脉搏加快，血压不稳

高温会使作业人员的心律脉搏加快、皮肤血管扩张及血管紧张度增加，导致心脏负担加重，血压下降或升高。

三、消化不良，肠胃负担加重

高温还会导致消化道贫血，唾液、胃液分泌减少，胃液酸度降低，胃肠蠕动减慢，造成消化不良，加重胃肠负担，引起肠胃道疾病。

四、水盐供应不足，肾功能衰减

高温条件下的水盐供应不足，如果在高温环境下作业，会使作业人员的尿浓缩，增加其肾脏负担，有时可导致其肾功能衰减。

五、神经系统受损

在高温条件下作业，还可能使作业人员的神经系统受损，出现中枢神经系统抑制，使其注意力和肌肉的工作能力、动作的准确性和协调性及反应速度降低等。

六、中暑

如果工作环境温度过高、湿度过大、风速小、劳动强度过大、劳动时间过长，极易导致作业人员中暑。中暑是一种急性职业病，它具体可分为热射病、热痉挛和热衰竭三种。

防暑降温措施

员工在工业生产的过程中，有时或经常会在温度和湿度相对较高的环境中作业，在这种情况下，班组长就必须采取防暑降温的措施，保证作业人员的人身安全。而且班组长还要注意，不能只针对身体虚弱的人，还要对那些自认为身体素质强、不需要采取这些措施的员工进行耐心的说服教育。总之，班组长要在高温天气来临之前，提早做好防范措施，防止出现员工中暑的现象。

一、制定制度，加强领导

首先，班组长要对中暑有防范意识；草拟高温作业的注意事项，制定相关制度；调整作息时间，延长午休。其次，班组长要加强领导，协调各职能部门的监督管理，保障防暑降温措施的顺利实施。最后，还要加大宣传力度，加强防暑降温教育。

二、改进工艺，经常通风

班组长可以发挥团体的力量和智慧来改进工艺，或申请更新生产设备，尽量实现自动化和仪表遥控等，扩大人与机器的距离，较少或消除高温对人体的伤害。在作业期间要注意经常通风，交换作业场所的空气。

三、隔热降温，合理疏散热源

采用石棉或矿渣棉等导热性能较差的材料遮盖热源，隔离散热表面。还可以在屋顶洒水，在窗户上装上遮阳窗帘等。除此之外，还应尽量将热源布置于容易通风的或主导风向下风侧的地方，使室外空气进入车间时先通过操作者工作点，后经过热源。

四、用品防护，医疗预防

班组长要组织、督促相关人员在入暑前为班组成员发放专门的防暑用品，如有条件可配备电风扇或空调。要对员工进行健康检查工作。患有心、肺、血管器质性疾病，贫血及急性传染病后身体衰弱，中枢神经系统器质性疾病者等均不宜从事高温作业。要提醒企业医务人员提高警惕，定期做健康检查。如果发现哪位员工有中暑先兆，要让其停止工作，加强休息。

防暑降温保健措施

在炎热的夏季，太阳辐射和紫外线强度均达到很高的等级。但一些在露天作业、高温环境下作业的工人仍需要坚持在工作岗位上。为了保证现场作业人员的身体健康，使他们顺利完成工作，班组长就要在防暑降温上多下功夫，采取切实可行的保健措施，防止因高温环境引起员工身体不适，在作业时中暑。

班组长要加强防暑降温的宣传，对持续高温的天气提高警惕，并主动督促员工采取必要的防暑降温的措施，以及个人的保健措施，使员工们平平安安地度过炎热的夏天。那么，班组长在日常管理中，应采取怎样的保健措施呢？

一、保健饮料

班组长可以定期组织发放保健饮料，例如盐开水、茶水、绿豆汤等，这些饮料可以增强员工抵抗高温的作用。

1. 盐开水

把白开水加热至沸腾时的温度，然后自然冷却到20~25℃。因为这种白开水具有特异的生物活性，饮用后能很快被吸收利用。夏季高温季节，由于出汗过多，体内盐分减少，在白开水中加一点盐，可以补充因流汗而失掉的盐分，可以达到防暑的功效。

2. 茶水

茶叶中含钾较多，而钾是人体内重要的微量元素，能维持心肌的正常运动。但在夏季，钾会随着汗水排出体外。因此，应多喝茶水，补充流失的钾。

3. 绿豆汤

绿豆具有清热解毒、消暑益气、润喉止渴的功效，用绿豆熬出的汤，有很好的消暑清热功效，能预防中暑。此外，绿豆对减少血液中的胆固醇及保肝等均有明显作用。

4. 莲子绿豆饮

莲子绿豆饮是将莲子与绿豆洗净后加水，浸泡30分钟，再以文火煮制而成的，具有清热解毒、安神健脾的功效。

5. 莲子薄荷汤

莲子薄荷汤先用薄荷煮水，再将莲子加入煮熟，加入薄荷水，兑匀，加调味料制成，有清热、安神的功效。

二、保健食品

除了发放保健饮料，还可以改善饮食，增添一些具有清热、降压、利尿等功效的食品。

1. 蜂蜜

蜜蜂采集植物蜜腺所分泌的汁液，酿成蜂蜜，具有清热解毒的功效。

2. 苦瓜

苦瓜味苦，但能清热泻火。由于苦瓜的滋味微苦，吃后能刺激人的胃液分泌，使食欲大增，清热防暑。

3. 苦瓜粥

将苦瓜100克洗净，去瓤后，切成小块，将大米100克淘净加水，煮沸后，再放入苦瓜及冰糖、精盐适量，再熬成粥。有消暑降热、解毒的功效。

4. 荷叶粥

采一张新鲜荷叶，洗净后煎汤取汁，加入粳米100克，煮成粥，加上白糖调匀食用，能防暑、利尿、降压。

5. 麦冬粥

麦冬30克，煎汤取汁，加入粳米100克煮粥，能防暑降温。

6. 冬瓜赤豆粥

冬瓜500克，去皮切丁，赤小豆30克。将赤小豆加水煮，煮沸后，加入冬瓜和冰糖同煮成粥，有解热毒、止渴的功效。

7. 红枣绿豆粥

红枣 100 克，绿豆 300 克，大米 50 克，加水 1.5 升，旺火煮沸后，改文火炖熬，至绿豆酥烂为止，再加上白糖 100 克，调匀晾凉后食用，有清热解毒、祛暑止渴的功效。

8. 百合银花粥

将 50 克百合洗净，再将银花 8 克焙干研磨成细末。将粳米 100 克煮沸后，放入百合熬成粥，然后放入银花及适量白糖，调匀后食用，有清热消炎、生津止渴的功效。

9. 菊花粥

黄菊花 20 克，大米 150 克。将菊花煎水去渣后，与大米同煮成粥，有防暑的功效。

10. 麦仁大米粥

取大麦仁、大米各 150 克淘净，然后煮成粥，有消暑降温、止渴生津的功效。

11. 莲子粥

取莲子 20 克温水浸泡，去皮，去芯，然后磨成粉状，与淘净的粳米 100克同煮成粥；有祛热益肾的功效。

三、个人防护

班组长除了要采取一系列措施以外，员工们也应充分重视这一问题，提高防治中暑的意识。首先，在工作时要注意佩戴好防护眼镜、隔热面罩或防热服等。其次，要注意充分利用休息时间，注意饮食。

低温作业的危害

除了高温、热辐射等作业环境外，还有一些企业也会涉及如冷库、地窖等低温的作业环境。当冬季来临时，像地质勘查、装卸等作业就需要与低温环境对抗。在低温（平均气温≤5℃）环境下工作，会对人体造成一定的伤害。如果持续在低温环境下工作，就会超过人体的适应能力，从而导致一些员工的身体出现问题。低温对人体的危害主要有以下几个方面。

（1）如果工作环境是处于极冷的低温中，那么在很短时间内便会使身体组织产生冻痛、局部冻伤或冻僵。

（2）如果工作不仅要在低温环境下进行，还要与冷金属接触，当皮肤与其接触时，就会产生粘皮伤害。

（3）有时，即使温度未低到足以引起冻伤和冻僵的程度，但是如果长时间在低温环境中作业，也会使人体热损失过多，出现呼吸急促、心率加快、头痛、瞌睡、身体麻木等生理反应。

（4）低温还会引起感觉迟钝，导致作业时动作反应不灵活、注意力不集中等，出现否定的情绪体验等心理反应。

（5）如果长期在低温环境下工作，平时不注意防范，就会引起一些职业病，例如腰痛、风湿性关节炎、神经痛等。

低温和冷水作业的防护措施

低温作业是指在低于允许温度下限的气温条件下进行作业，例如在高山高原工作、生产需要的低温车间等。冷水作业是指在生产劳动过程中，操作人员接触冷水温度等于或小于12℃的作业，例如潜水员进行水下工作、洗碗工的工作等。

在低温或水下工作的人员，如果不采取相应的防护措施，极易发生冻伤的情况。此时，班组长就要注意低温或冷水作业的职业健康和劳动防护，并采取相应的措施，保证作业人员的安全。其具体措施如下。

一、做好个人防护

班组长要加强员工的个人防护意识，督促员工在工作前穿戴防寒服、防寒鞋以及其他防寒用品。穿戴防寒衣物时，要注意防止衣物潮湿。

二、控制作业时间

有些工作，即使做好了个人防护，也不宜长时间进行作业。因此，班组长要把握好作业时间，提高休息频率，增加作业次数，有条件的话可以为员工提供休息场所。

三、优化更新机械设备

班组长应主动争取实现自动化、机械化作业，更新机械设备，避免员工进行低温作业或冷水作业。

四、配备相关设施

在室内进行低温作业时，班组长要注意配备供暖设施（暖气、火炉等）。此外，在封闭场所还要安装应急装置（通信、报警等）。

五、加强检修制度

班组应加强制冷设备的检查检修，严禁设备"跑、冒、滴、漏"，如发现氨气泄漏时，应及时对设备进行抢修，防止泄漏现象进一步扩大。要保证制冷车间通风设备的良好，万一氨气大量泄漏时，应能及时将氨气排出屋外，避免人员中毒的事故发生。

在制冷车间内作业，员工必须配备适用的防毒面具，或氧气呼吸器。对于使用氟利昂的冷冻机，应配备必要的检测仪器，如卤素灯等；在采用臭氧消毒除臭时，应经常对库内的臭氧浓度进行检测。

六、注意员工伙食

由于受到低温环境的影响，员工的机体、代谢可能会发生改变。为此，班组长要注意员工的日常饮食，让他们少吃或不吃冷食，经常食用高热量的食物，例如富含蛋白质的豆制品、肉类和新鲜蔬菜等，以增加身体的耐寒能力。

七、加强员工的日常锻炼

除了在工作中注意采取防范措施以外，在低温冷水岗位上作业的员工，还要在日常生活中注意增强体质。如坚持每天冷水洗脸洗手，坚持户外锻炼等，锻炼方式要根据每位员工的自身体质因人而异。

八、定期组织身体检查

低温或冷水作业会对人体造成一定的伤害，而有一些员工自身的身体状况则不适合在这样的环境中工作，例如年龄在 50 岁以上的员工或患有高血压、心脏病等疾病的员工。因此，班组长要定期组织员工进行身体检查，做好健康监护工作，发现不适合进行低温冷水作业的员工要及时将其调离工作岗位。

第三节　密闭空间作业安全常识培训

常见密闭空间及其职业中毒原因

在工业安全术语中，有这样一个术语：密闭空间。密闭空间是指一个密封及闭塞的环境，它通常情况下与外界相对隔离，进出口受限，自然通风不良，只能容一人进入进行非常规、非连续作业的有限空间。

一、密闭空间类别

1. 封闭、半封闭的空间

封闭、半封闭的空间包括各类储罐或容器、冷藏车、反应釜、船舱、浮筒等。

2. 地上密闭空间

地上密闭空间有发酵池、粮仓、垃圾车、储藏室等。

3. 地下密闭空间

地下密闭空间如地下室、矿井、污水井、化粪池、隧道、下水道、暗沟、地窖、地下管道、地下仓库等。

二、密闭空间作业中毒的原因

无论是哪一类常见的密闭空间，这些作业场所的职业安全卫生管理往往都十分薄弱，极易发生安全事故，尤其容易造成窒息性气体中毒。造成密闭空间作业职业中毒的原因大概有以下几点。

1. 空间缺氧

密闭空间内空气含量有限，当密闭空间中的空气浓度低于6%时，作业人员在很短的时间内就会因缺氧而窒息而亡。

2. 有害气体或刺激性气体的积存

密闭空间内会积存大量的有害的或刺激性的气体，例如一氧化碳、硫化氢或其他刺激性的气体等，当作业人员吸入一定的有害气体后，就会中毒，严重的会导致死亡。

3. 其他有害气体

密闭空间内含有大量的挥发性溶剂蒸汽，及其他任何含有威胁生命或健康的气体，也会对作业人员造成身体伤害。

密闭空间作业中，引发事故的危害因素往往是看不见、摸不着的，缺乏这方面安全知识的班组长、班组员工，事先往往很难意识或察觉到。因此，很多密闭空间作业的安全事故，往往因盲目救人，而导致伤亡进一步扩大。

密闭空间作业前的准备工作

密闭空间作业前的准备工作主要以预防窒息性气体中毒为主。那么，员工在进入密闭空间进行作业之前，班组要做好哪些准备工作呢？

（1）进入密闭空间作业前，要做好密闭空间的检查工作。首先对环境进行监测，判明是否存在有毒有害气体和空气中氧气的含量情况。当作业现场氧气、有害气体、可燃性气体、粉尘的浓度符合安全要求后，作业人员才能进入现场作业。在测定前，严禁进入该场所。

（2）要保证密闭空间内的空气质量。密闭作业空间的氧气含量应在18%以上23.5%以下，其有害有毒气体、可燃气体、粉尘容许浓度必须符合国家标准的安全要求。

（3）进入密闭空间危险作业场所之前，可采用动物试验的方法或其他简易快速检测方法作为辅助检测，判断是否可以进入工作。

（4）根据测定结果采取相应的措施，员工要严格按照措施要求，做好个人防护，在空气质量符合安全要求后方可作业。

（5）在每次作业前，要根据作业的时间长短、作业流程等实际情况确认其符合安全并制定事故应急救援预案。

（6）在密闭空间的作业场所配备与安全隐患相应的急救用品和设备。

（7）固定封闭式的沉淀池、纸浆池等设施，必须在其合适的位置装好固定的机械通风系统，并在开口上方加装安全网。

密闭空间作业中的安全防范

实践证明，在密闭空间中进行作业，风险较大。密闭空间中存在多种危险因素，如果稍有不慎，就可能对员工的身体健康和生命安全造成威胁。因此，班组长要在作业前、作业中做好充足的准备，制定必要的安全防护措施，保证员工的生命安全。班组在作业中的安全防护措施主要有以下几个方面。

一、班组长要做好作业前的检查工作

（1）进入密闭空间进行作业的人员要经过专门的岗前安全知识和安全技能培训，确保身体状况良好。

（2）班组长要检查员工的劳动防护用品的使用情况，员工作业前要穿好安全服，必要时还应佩戴呼吸器。

（3）班组长要准确掌握进入密闭环境中进行作业的人数和身份。

（4）如果要进入的密闭空间是反应塔、反应釜或者是易产生硫化氢等有毒有害气体的场所，作业人员必须配备移动或便携式的通风系统。

（5）进入密闭空间前，如果发现空间内存在大量的有毒有害气体或其他危险物质，必须将其排出、清洗或强制通风置换，直到空气中有毒有害气体浓度达到国家标准以下方可进行作业。

二、作业进行中的安全防范

（1）在进行作业中，密闭空间应加强通风换气，连续或定期检测密闭空间内的氧气浓度和有害气体、可燃性气体、粉尘的浓度，监测它们的变化，掌握密闭空间内的信息。

（2）员工在作业时所用的一切电气设备，必须符合有关用电安全技术操作规程。照明应使用安全矿灯或12伏以下的安全灯，如果使用的手持电动工具超过了安全电压，必须按规定配备漏电保护器。

（3）如果员工在作业时发现可能存在有害气体或可燃气体时，应立即反映给检测人员，检测人员应同时使用有害气体检测仪表、可燃气体测试仪等设备进行检测，检测人员在检测时不能使用氧气呼吸器，而应佩戴隔离式呼吸器。如果检测结果显示存在有毒气体或检测仪器出现报警时，必须立即停止危险作业，通知作业人员迅速离开作业现场。

（4）作业期间，密闭空间场所外应设立安全标志或警示标识，防止他人进入。

（5）如果发现作业现场存在可燃气体或可燃性粉尘，检测人员在检测时所用的检测仪器，如电动工具、照明灯具等，必须使用符合《爆炸和火灾危险环境电力装置设计规范》要求的防爆型产品。

（6）在密闭空间作业，必须采取充分的通风换气措施，严禁用纯氧进行通风换气。如果作业现场不允许通风，员工在进入密闭空间内作业时，要使用空气呼吸器或软管面具等隔离式呼吸保护器具。

（7）如果是在五塔、沟、池、下水道、废渣池、污水井等密闭空间进行作业时，首先作业人员必须佩戴自给式呼吸保护器（空气呼吸器、氧气呼吸器）、化学护目镜、安全带、救生带等个人防护用品。其次必须有专人监护，作业人员和监护人员要检查安全措施，统一联系信号。

（8）员工在密闭空间进行作业时，还应注意防止火灾、爆炸事故。

三、作业中密闭空间外（周围）的防范

（1）在密闭空间外，要做好监测和保护工作，适时与准入者进行必要的、有效的安全、报警、撤离等信息交流，发生紧急情况时向作业人员发出撤离警报。

（2）如果作业场所的缺氧危险可能影响附近作业场所人员的安全时，应及时通知作业场所的有关人员。

（3）在密闭空间外，严禁使用明火照明，禁止吸烟等。

密闭空间中毒窒息事故急救

班组长在进行安全生产管理中，要针对密闭空间的作业环境特点和作业实际情况，制定相应的应急救援预案，定期进行应急演练。当员工在密闭空间内进行作业时，要在密闭空间外设立专门的安全监督岗位，安排1名经过安全培训、具有一定应急施救能力的专门人员进行监督，并配备应急联络器材，以便发现情况，及时处置。如果作业人员在作业现场出现中毒、窒息等安全事故，要采取以下措施进行急救。

（1）如果发现作业人员出现头痛、头晕等身体不适或操作反常现象时，必须要求其立即停止作业，按动报警器并立即离开密闭空间。迅速将患者移离中毒现场至空气新鲜处，立即让其吸氧并保持呼吸道通畅。

（2）针对不同的密闭场所，配备合适的设备和急救器材，如合格的呼吸器具、心肺复苏器、防爆照明灯、手持式报警器等。呼吸抑制时给予呼吸兴奋剂，对心跳及呼吸停止者，应立即施行人工呼吸和体外心脏按压术，直至送往医院。

（3）如发现异常情况，作业人员已经不能自行走出密闭空间，应立即请专业人员进入密闭空间将伤者救出来。如未配备呼吸器和安全绳，其他人员千万不要入内进行救护，以免伤及施救人员。

（4）如果是硫化氢、一氧化碳、氰化氢等有毒气体中毒的伤者，千万不能对其口对口人工呼吸（二氧化碳等窒息性气体除外），以防施救者中毒，宜采用胸廓按压式人工呼吸。

（5）对伤者进行急救，如果情况较为严重，要及时拨打 120，送往医院进行治疗。

第四节　危险化学品储运安全常识培训

了解危险化学品的特性

危险化学品是指具有毒害、腐蚀、爆炸、燃烧、助燃等性质，对人体、设施、环境具有危害的剧毒化学品和其他化学品。它的基本特性就是易燃易爆、有毒有害、具有腐蚀和放射性，如油漆属于易燃化学品，容易发生燃烧、爆炸；氰化钠是剧毒品，容易导致中毒。

目前世界上大约有 500 万~800 万种化学物质，而大部分化学物质都属于危险化学品，例如我们生活中常见的油漆、汽油、火柴、液化石油气等都属于危险化学品。在生产、使用、贮藏和运输危险化学品的过程中，如果操作不当，有可能造成灾难性事故，对人体产生危害。危险化学品通常可以分为八类：爆炸品、压缩气体和液化气体、易燃易爆气体、遇湿自燃物品、氧化剂和有机过氧化物、有毒品、放射性物品、腐蚀品。以下是几类常见危险化学品，如表 3-1 所示。

表 3-1 几类常见危险化学品

类别	基本描述	举例	危害	标识
爆炸品	爆炸品指在外界作用下能发生剧烈的化学反应，瞬时产生大量的气体和热量而引起爆炸的化学品	火药、炸药、烟花爆竹等	受热、撞击等使周围压力急剧上升，发生爆炸，对周围环境造成破坏的物品	
易燃液体	这是指易燃的液体、液体混合物或含有固体物质的液体，在常温下以液体状态存在，其燃点在45℃以下的物质叫易燃物质（试验燃点等于或低于61℃）	汽油、乙醇、苯等	遇火容易引起燃烧	
易燃固体	易燃固体系指燃点低，对热、撞击、摩擦敏感，易被外部火源点燃，燃烧迅速，并可能散发出有毒烟雾或有毒气体的固体，但不包括已列入爆炸品的物品	萘、硫黄等	易燃固体燃点低、易点燃；遇酸、氧化剂易燃易爆；本身或燃烧产物有毒，可能引起中毒	
自燃物品	自燃物品系指自燃点低，在空气中易发生氧化反应，放出热量，而自行燃烧的物品	白磷、金属硫化物等	达到着火点后自燃，会引起火灾	
遇湿易燃物品	遇湿易燃物品系指遇水或受潮时，发生剧烈化学反应，放出大量的易燃气体和热量的物品。有的不需明火，即能燃烧或爆炸	三氯硅烷、碳化钙等	遇明火强烈燃烧，受热分解放出含氯化物的有毒烟雾。遇水或水蒸气能产生热和有毒的腐蚀性烟雾。能与氧化剂起反应，有燃烧危险	

续表

类别	基本描述	举例	危害	标识
氧化剂和有机过氧化物	氧化剂系指处于高氧化态，具有强氧化性，易分解并放出氧和热量的物质。它包括含有过氧基的无机物，其本身不一定可燃，但能导致可燃物的燃烧，与松软的粉末状可燃物能组成爆炸性混合物，对热、震动或摩擦较敏感。有机过氧化物系指分子组成中含有过氧基的有机物，其本身易燃易爆，极易分解，对热、震动或摩擦极为敏感	双氧化钠、二氧化钠、硝酸铵、氯酸钾、重铬酸钠等	与其他化学品相遇可能会发生爆炸或有腐蚀性	TDP-9
有毒品	危险化学品中经口摄取半数致死量：固体 LD50≤500mg/kg；液体 LD50≤2000mg/kg；经皮肤接触24h，半数致死量 LD50≤1000mg/kg；粉尘、烟雾及蒸汽吸入半数致死量 LC50≤10mg/L 的固体或液体	氰化钠、氰化钙、碘化汞、三氯化磷、氟等	破坏人体器官组织，扰乱人体正常的生理机能，引起某些器官和系统暂时性或持久性的病理改变，甚至危及生命	
放射性物品	本类化学品指放射性比活度大于 $7.4×10^4$Bq/kg 的物品	金属钍、硝酸钍、金属铀、六氟化铀、硝酸铀酰等	阻碍和伤害人体细胞活动机能并导致细胞死亡	
腐蚀品	本类化学品指能灼伤人体组织并对金属等物品造成损坏的固体或液体。与皮肤接触在 4h 内出现可见坏死现象，或温度在 55℃时，对 20 号钢的表面均匀年腐蚀率超过 6.25mm/年的固体或液体	甲酸、冰醋酸、苯甲酰氯、丙烯酸等	腐蚀品可通过皮肤接触使人体形成化学灼伤。还有的腐蚀品本身或与其他可燃物品接触后能着火	

危险化学品包装标识

　　企业在生产销售危险化学品的同时，通常会提供附在化学品包装上的标签，也称之为包装标识。它用简单和通俗的文字、图形，表述有关化学品的危险特性，及其安全处置的注意事项。在危险化学品货物出厂前，生产企业要把安全标识粘贴、挂拴、喷印在包装或容器的明显位置。如果要改换包装，应由改换单位重新粘贴、挂拴和喷印。包装标识既是向用户传递一种安全信息，也警示搬运人员在搬运过程中，要进行安全操作和处置。

国家颁布的《化学品安全标签编写规定》中明确指出：安全标识应以文字、图形符号和编码的组合形式，以此表示化学品所具有的危险性和安全注意事项。具体包括物质名称、警示词、危险性概述、编号、危险性标识、安全措施、灭火方法、生产厂家、地址、电话、应急咨询电话等，此外，还提示参阅安全技术说明书等内容。

俗话说，"思想决定行动"，若该企业的班长、员工对油漆的化学特性缺乏应有的了解，而且，又忽视了在通风程度很差的储罐内作业的危险性而没有采取任何安全措施，所以才发生重大事故。如果班长和员工充分了解油漆在近似于密封的储罐里会大量挥发出有毒气体，那么，他们一定会采取通风等措施改良作业环境。所以，当接触化学品时，要先花一点时间了解化学品的特性，这对自我防护很有好处。

一、化学品和其主要有害组分标识

中文和英文的通用名称、分子式、化学成分及组成、联合国危险货物编号、中国危险货物编号，分别用 UNNO 和 CNNO 表示。

二、警示词

化学品包装上通常采用警示词来提示，根据该化学品的危险程度，分别用"危险"、"警告"、"注意"三个词进行警示。当某种化学品具有一种以上的危险性时，就会采用危险性最大的警示词。警示词一般贴在化学品包装的名称下方，醒目、清晰。

三、危险性概述

化学品危险性的简要概述，通常是指燃烧、爆炸、有毒性等，对人体健康和环境所造成的危害。

四、安全措施

安全措施提示包括在化学品的搬运、储存和使用作业中，所必须注意的事项，以及在发生意外时，应采取的简单有效的救护措施等，突出简明、扼要的内容。

五、灭火提示

如果该化学品是易燃物质，应写出有效的灭火剂和禁用的灭火剂，以及灭火应注意的事项。

六、批号

化学品包装标识上，要注明生产日期及生产班次。生产日期用××××年××月××日表示，班次用××表示。

七、应急咨询电话

应在化学品包装的标识上填写生产应急咨询电话、国家化学事故应急咨询电话等。

八、其他

化学品包装的标识上应填写生产厂或公司的名称、地址、邮编、电话等。

搬运、装卸危险化学品的基本要求

有些企业的生产可能会以化学品为生产原料，或直接进行危险化学品的生产，那么会有一些员工涉及搬运、装卸化学品的工作。化学品的基本特性是易爆、易燃，属于危险用品，若搬运装卸不妥，就会对人和物造成巨大的伤害。因此，班组长要带领班组成员学习、了解危险化学品的相关知识，而制定搬运、装卸危险化学品的基本要求是非常有必要的。确保任何接触危险化学品作业的人员都必须了解所使用的化学品的危害性，掌握个体防护用品的选择、使用、维护和保养，掌握特定设备和材料，如急救、消防、溅出和泄漏控制设备的使用。同时，作业人员还要养成良好的卫生习惯。

班组长在组织相关人员搬运和装卸这些危险化学品前，要确认员工是否熟练掌握了搬运和装卸的基本方法和注意事项。那么，在搬运、装卸危险化学品的作业中，应该有哪些基本要求呢？

一、制定规程，专门训练

班组长要负责拟定搬运、装卸危险化学品的相关规定。在搬运、装卸时，班组长要按照规章制度对负责搬运、装卸的员工进行专门的训练，培养高效的工作团队。非装卸搬运人员，均不准在作业现场逗留。同时，应定期组织接触危险化学品的员工进行身体检查。

二、充分准备，严格检查

在装卸搬运危险化学品之前，要做好准备工作，必须严格执行操作规程和有关规定，认真细致地检查装卸搬运工具及操作设备。班组长还要注意检查进行作业的员工穿戴是否符合规定，要督促员工根据不同的危险特性，分别穿戴相应的防护用具。工作完毕后，沾染在工具上面的物质必须清除，防止相互抵触的物质引起化学反应。对操作过氧化剂物品的工具，必须清洗后方可使用。

三、统一指挥，明确信号

作业过程中，班组长要明确指挥信号，在作业现场统一指挥，防止作业混乱而发生事故。当然，班组员工也要积极配合，严格遵守纪律，不得擅自开始作业。员工之间要积极配合协调，不冒险违章操作。

四、轻搬轻放，谨慎操作

（1）作业时要看清危险化学品的标识，不直接接触易引起过敏的化学品。

（2）在进行作业时，操作员工要注意轻搬轻放危险品，以防碰撞产生摩擦或震动摔碎。对有毒的腐蚀性物质，更要加强注意，应适当考虑在操作一段时间后，呼吸新鲜空气，避免发生中毒事故。

五、注意作业后的清洗

（1）工作完后，不能将有可能被污染的东西（如抹布等）装到衣服口袋里。

（2）操作完毕后，要注意清洗接触危险化学品的身体部分。个人劳动防护用品要分类清洗，不能混在一起清洗。

（3）各种防护用品应有专人负责，专储保管。对破损包装可以修理的，必须移至安全地点，整修后再搬运，整修时不得使用可能产生火花的工具。

危险化学品的储存安全

班组在进行涉及危险化学品的作业时，要做好危险化学品储存安全管理。班组长要加强危险化学品储存单位的管理，保证危险化学品储存过程中的安全。与此同时，班组长也要对员工在储存过程中的操作规范进行检查和监督。

妥善储存危险化学品，班组成员需要具备相关的安全储存知识，并采取相应的安全防护措施。具体措施如下。

（1）企业储存危险化学品时要依据国家相关的法律法规进行。首先，企业对危险化学品的储存要有符合国家标准的储存方式和储存设施，在储存仓库的周边应根据国家相关规定和标准进行防护距离。其次，要建立专门的安全规章制度，储存需要的管理人员和技术人员要符合要求。

（2）危险化学品的储存仓库必须是专用的仓库或场地，不能出现不同化学品混存的情况；必须分间或分库储存，并在醒目处标明储存物品的名称、性质和灭火方法。剧毒化学品或其他极易造成事故的化学品不仅要单独存放，还要根据其种类和特性加设铁护栏，安装机械通风排毒设备，设置通信报警装置，并保证其能够长久地正常工作。

（3）不得将储存化学品的仓库建成地下室等地下建筑，储存仓库的面积、耐火等级等要符合要求。定期检查危险化学品的储存情况，如果发现安全隐患，要及时上报，采取相应的措施，并作安全评价报告。

危险化学品的使用要求

班组在使用危险化学品应时刻提高警惕。班组长在进行涉及危险化学品的安全生产管理时，必须重视危险化学品的使用，规范班组成员的操作方法。使用危险化学品时，要注意以下几点。

一、领取危险化学品时的要求

首先，员工领取危险化学品时，要按照严格的使用制度和规范的流程。领取人要当面点清品种、数量，不能疏忽大意，并由专门人员填写使用登记簿。其次，在使用危险化学品时，必须有三名以上的人员在场，用过的空容器、器皿、废溶液等要妥善处理，严禁乱扔乱放。

二、使用能产生挥发性的和刺激性气体时的要求

有些化学品能产生挥发性和刺激性气体，使用这些有毒的化学品前，要做好防护准备，穿戴好工作服，戴上防护手套和口罩等。酸类腐蚀性的液

体，应小心使用，避免接触皮肤。

三、使用已有化学试剂时的要求

已有化学试剂指经过化学反应得到的化学试剂。使用已有化学试剂也要格外谨慎。员工应严格按照生产操作要求，例如使用硫酸时要保证作业场所通风，因为硫酸具有强腐蚀性，应减少酸液暴露在空气中的时间，用完后要及时盖上盖子；硝酸具有强氧化性、强腐蚀性，使用时要注意通风，密闭操作；高锰酸钾具有强氧化性，最好现配现用，使用时要注意避光。

危险化学品的废弃处理

由于危险化学品的危害特性，不但在搬运、储存、使用时要格外注意，使用后废弃的危险化学品也要正确处理，如果对废弃的危险化学品管理不善或处理不当，不但会对空气、水源、土壤等造成危害，破坏我们的生存环境，还会对人体的健康造成很大程度的危害。因此，班组在生产过程中应加强对危险化学品废弃物的管理，避免危险化学品及其废弃物对环境和人体造成危害。在班组安全生产管理中，应怎样管理和处置废弃的危险化学品呢？

（1）制定危险化学品废弃处理的相关规定，各个车间、各个班组生产后的废弃危险化学品必须有专门的人负责保管，不得随意抛弃。

（2）在危险化学品贮存区域内，禁止堆积可燃的危险废弃物，必须按照废弃物的特性，分类进行处理，禁止混合未经安全性处置的危险化学品废弃物。

（3）在运送危险化学品废弃物的时候，必须采取防止污染环境的措施。

（4）对危险化学品废弃物必须做好标记，其容器、包装物以及危险化学品废弃物的存放场所、设施，必须设置危险废弃物识别标志。

（5）有剧毒特性的危险化学品用完之后，要对其包装物严加管理，使用后要登记好，由专人管理。

（6）应根据危险化学品废弃物的具体情况，制定在贮存、运输、处置时发生意外事故的应急措施。

（7）处理危险化学品废弃物可采取以下几种方法。

1）埋藏法。对放射性强度大、半衰期长的放射性废弃危险化学品应采用埋藏法进行处置。

2）化学法。根据废弃危险化学品的特性，通过一系列化学反应使有毒物变成无害物，如氰化钠、废酸碱的处理等。

3）固化法。有些化学品的废弃物难以处理，如果其性质不溶于水，则可与沙土混合，水泥同化后深埋，达到稳定化、无害化、减量化的目的，如三氧化二砷的处理。

4）生物法。还可以通过生物降解的方法来解除其毒性。

5）焚烧法。对于易燃易爆的废弃危险化学品，可采用焚烧的办法来处置。

第五节　职业卫生的安全常识和培训

职业病的种类

企业班组员工在作业中因接触放射性物质、粉尘以及其他有毒、有害物质等因素，而引起疾病，通常被称为职业病。我国把职业病分为十类115项病种。由于职业病危害因素的种类很多，导致职业病的范围很广。

虽然随着科技的发展，井下作业预防粉尘的条件得到改善，但一些员工仍然缺乏防范意识，最典型的表现之一就是不按照相关规定佩戴口罩。当这种现象在班组出现时，班组长应进行督促检查，采取一定的措施，使员工提高防范意识。

在督促检查的同时，还要让员工熟知职业危害的知识，如职业危害的种类等。卫生部颁布的《职业病目录》中规定的职业病目录为十类115种。

一、尘肺

（1）矽肺。

（2）煤工尘肺。

（3）石墨尘胸。

（4）炭黑尘肺。

（5）石棉肺。

（6）滑石尘肺。

（7）水泥尘肺。

（8）云母尘肺。

（9）陶工尘肺。

（10）铝尘肺。

（11）电焊工尘肺。

（12）铸工尘肺。

（13）根据《尘肺病诊断标准》和《尘肺病理诊断标准》可以诊断的其他尘肺。

二、职业性放射性疾病

（1）外照射急性放射病。

（2）外照射亚急性放射病。

（3）外照射慢性放射病。

（4）内照射放射病。

（5）放射性皮肤疾病。

（6）放射性肿瘤。

（7）放射性骨损伤。

（8）放射性甲状腺疾病。

（9）放射性性腺疾病。

（10）放射复合伤。

（11）根据《职业性放射性疾病诊断标准（总则）》可以诊断的其他放射性损伤。

三、职业中毒

（1）铅及其化合物中毒（不包括四乙基铅）。

（2）汞及其化合物中毒。

（3）锰及其化合物中毒。

（4）镉及其化合物中毒。

（5）铍病。

（6）铊及其化合物中毒。

（7）钡及其化合物中毒。

（8）钒及其化合物中毒。

（9）磷及其化合物中毒。

（10）砷及其化合物中毒。

（11）铀中毒。

（12）砷化氢中毒。

（13）氯气中毒。

（14）二氧化硫中毒。

（15）光气中毒。

（16）氨中毒。

（17）偏二甲基肼中毒。

（18）氮氧化合物中毒。

（19）一氧化碳中毒。

（20）二硫化碳中毒。

（21）硫化氢中毒。

（22）磷化氢、磷化锌、磷化铝中毒。

（23）工业性氟病。

（24）氰及腈类化合物中毒。

（25）四乙基铅中毒。

（26）有机锡中毒。

（27）羰基镍中毒。

（28）苯中毒。

（29）甲苯中毒。

（30）二甲苯中毒。

（31）正己烷中毒。

（32）汽油中毒。

（33）甲胺中毒。

（34）有机氟聚合物单体及其热裂解物中毒。

（35）二氯乙烷中毒。

（36）四氯化碳中毒。

（37）氯乙烯中毒。

（38）三氯乙烯中毒。

（39）氯丙烯中毒。

（40）氯丁二烯中毒。

（41）苯的氨基及硝基化合物（不包括三硝基甲苯）中毒。

（42）三硝基甲苯中毒。

（43）甲醇中毒。

（44）酚中毒。

（45）五氯酚（钠）中毒。

（46）甲醛中毒。

（47）硫酸二甲酯中毒。

（48）丙烯酰胺中毒。

（49）二甲基甲酰胺中毒。

（50）有机磷农药中毒。

（51）氨基甲酸酯类农药中毒。

（52）杀虫脒中毒。

（53）溴甲烷中毒。

（54）拟除虫菊酯类农药中毒。

（55）根据《职业性中毒性肝病诊断标准》可以诊断的职业性中毒性肝病。

（56）根据《职业性急性化学物中毒诊断标准（总则)》可以诊断的其他职业性急性中毒。

四、物理因素所致职业病

（1）中暑。

（2）减压病。

（3）高原病。

（4）航空病。

（5）手臂振动病。

五、生物因素所致职业病

（1）炭疽。

（2）森林脑炎。

（3）布氏杆菌病。

六、职业性皮肤病

（1）接触性皮炎。

（2）光敏性皮炎。

（3）电光性皮炎。

（4）黑变病。

（5）痤疮。

（6）溃疡。

（7）化学性皮肤灼伤。

（8）根据《职业性皮肤病诊断标准（总则)》可以诊断的其他职业性皮肤病。

七、职业性眼病

（1）化学性眼部灼伤。

（2）电光性眼炎。

（3）职业性白内障（含放射性白内障、三硝基甲苯白内障）。

八、职业性耳鼻喉口腔疾病

（1）噪声聋。

（2）铬鼻病。

（3）牙酸蚀病。

九、职业性肿瘤

（1）石棉所致肺癌、间皮瘤。

（2）联苯胺所致膀胱癌。

（3）苯所致白血病。

（4）氯甲醚所致肺癌。

（5）砷所致肺癌、皮肤癌。

（6）氯乙烯所致肝血管肉瘤。

（7）焦炉工人肺癌。

（8）铬酸盐制造业工人肺癌。

十、其他职业病

（1）金属烟热。

（2）职业性哮喘。

（3）职业性变态反应性肺泡炎。

（4）棉尘病。

（5）煤矿井下工人滑囊炎。

职业病的预防管理

为了控制和消除职业病危害，班组应当关注员工预防职业病的管理工作，保护员工的身体健康及其相关权益，促进企业的经济发展。从事职业病危害作业的班组，应首先制定完备的切合实际的职业病防治管理措施。此外，还要重视设置职业病危害防护设施，消除或降低作业场所的职业病危害，筑起职业病危害的"长城"。在作业时，要坚持佩戴职业病防护用品。

按照《职业病防治法》的规定，每年都要组织和督促员工定期进行身体健康检查，一旦发现员工患上职业病，就要积极治疗，不可拖延而使小病变成大病，达到保护员工健康的目的。

作为从事有职业危害作业的班组负责人，有责任有义务督促有关部门对员工进行职业病防护和健康检查。应及时掌握作业场所职业病危害物的定期检测数据，建立作业场所职业病防护情况档案，对于长期从事有职业病危害作业的员工，应建立职工卫生档案，定期体检，做好职业病的预防管理。

一、落实职业病预防的组织制度管理

（1）制订班组员工职业病防治计划和实施方案。

（2）建立、健全职业卫生管理制度和操作规程。

（3）班组应设置或配备兼职的职业卫生专业人员，负责本班组的职业病防治工作。

二、对职业病危害设备和因素作警示说明

（1）协助相关部门向本班组员工，提供可能产生职业病危害的资料；对于作业场所的可能产生职业病危害的设备，要在设备的醒目位置设置警示标识、中文警示说明。同时，要组织员工学习和熟知该设备可能产生的职业病危害、安全操作和维护注意事项、职业病防护，以及应急救治措施等内容。

（2）在作业场所可能产生职业病危害的化学品、放射性同位素、含有放射性物质的材料，应当提供中文说明书，并组织员工学习。产品包装应当有醒目的警示标识和中文警示说明。储存这些材料的场所，应当在规定的位置设置危险物品标识或者放射性警示标识。

（3）在设备及材料放置、使用处，设立警示标识。

三、建立、健全职业卫生档案和员工健康监护档案

对从事接触职业病危害的作业的员工，在上岗前、在岗期间、离岗时，班组应组织他们进行职业健康检查，将检查结果及时、如实告知员工，并协助有关部门落实职业健康检查费用。此外，班组也应建立员工的职业健康监护档案，按规定的期限妥善保存。

四、建立、健全作业场所职业病危害因素监测及评价制度

班组应当实施由专人负责的职业病危害因素日常监测，并确保监测系统处于正常运行状态；应当按照国务院卫生行政部门的规定，协助相关部门定期对作业场所进行职业病危害因素检测、评价。此外，检测、评价结果存入员工职业卫生档案，定期向所在地卫生行政部门报告，并向员工公布。

从事使用高毒物品作业的班组，至少应每个月对高毒作业场所进行一次职业中毒危害因素检测。同时，至少每半年进行一次职业中毒危害控制效果评价，班组有义务将结果告知员工本人。

五、定期进行职业卫生知识培训

班组负责人应当接受职业卫生培训，遵守职业病防治法律、法规，依法组织本班组的职业病防治工作，应当对员工进行上岗前的职业卫生培训和在岗期间的定期职业卫生培训。同时，要普及职业卫生知识，督促员工遵守职业病防治法律、法规、规章和操作规程，指导员工正确使用职业病防护设备和个人使用的职业病防护用品。

六、对未成年工和女工实行特殊保护

班组应抵制有关部门安排未成年工从事接触职业病危害的作业，抵制有关部门安排孕期、哺乳期的女职工从事对本人和胎儿、婴儿有危害的作业。

职业病危害因素的主要种类

在生产劳动过程及环境中，所产生的或所存在的，对职业人群的健康、安全和作业能力，可能造成不良影响的一切要素或条件的，被称之为职业病危害。

近年来，随着改革开放的深入，经济快速发展，工厂企业的增多，职业病的危害事故也频繁发生，给社会稳定和经济的健康可持续发展带来了不利影响。职业病损害了人们的健康，夺走了人们的生命，同时也造成大量财力与物力、资源的损失。因此，班组应对员工经常进行职业病危害的教育，使员工增强对职业病危害的认识，提高对职业病危害的防范能力。职业病危害的因素如下。

一、物理性因素

（1）电离辐射。如工业探伤用的 X 射线、放射性同位素仪表、料位计的 Y 射线等。

（2）非电离辐射。如电焊、氩弧焊、高频电磁场、等离子焊时产生的紫外线，加热金属玻璃时产生的红外线等。

（3）异常高温。如高温场所、热油泵房、催化剂生产的焙烧岗位，加氢催化剂反应器内操作，夏天进入油罐车或油槽车内作业等。

（4）低温。如冷库、地窖等。

（5）噪声。如机械力的振动、气体湍流、电动力及磁动力、催化"三机"室、加热炉、高压蒸汽放空、泵、球磨机、粉碎机、机械传送带、电气设备等。

（6）振动。如循环压缩机转动、使用风动工具、锻锤、风锤、电锯、捣固机、研磨作业的砂轮机、铣床、镟床、汽车、摩托车、火车等。

二、化学性因素

（1）生产性毒物。生产性毒物是在生产过程中产生的，它是一种存在于工作环境空气中的化学物质。有的为中间产品，有的为原料，有的为产品。一般常见的生产性毒物有以下几种。①氯、氨等刺激性气体；②一氧化碳、氰化氢等窒息性气体；③铅、汞等金属类毒物；④苯、二硫化碳。

（2）生产性粉尘。在生产过程中所产生的，同时又在较长时间内悬浮在生产环境空气中的一种固体微粒，被称为"生产性粉尘"。常见的生产性粉尘有矽尘、滑石尘、电焊烟尘、石棉尘、聚氯乙烯粉尘、玻璃纤维尘、腈纶纤维尘。

三、生物性因素

生物性有害因素指细菌、寄生虫或病毒所引起的与职业有关的某些疾病。

（1）炭疽。由炭疽杆菌传播。

（2）森林脑炎。由硬蜱传播的一种传染性疾病。

四、劳动过程中的有害因素

（1）劳动时间过长。通常在检修期间，连续工作时间太长，如果组织不当，则不利于员工的健康。

（2）劳动精神过度紧张。通常发生在新工人或新装置投产试运行中，有时生产周期不规律时，也会使人精神紧张。如在高压、重油加氢、硫化氢浓度大的时候，容易发生燃烧、爆炸、中毒等，新工人感到紧张，老工人在试运行期间，也会感到十分紧张。

（3）劳动强度过大。如超负荷的加班加点，另外检修时的工业探伤工作量往往过大。

（4）个别器官、系统过度疲劳。如光线不足使视力紧张，长时间处于不良体位或使用不合理的工具设备导致部分疲劳损伤。

五、卫生条件和技术措施不良的有关因素

（1）生产场所设计不合理。如车间布置不当，有毒与无毒岗位设在同一工作间，厂房通风、换气不畅，照明昏暗等。

（2）防护措施缺乏。

1）防护措施不完善或效果不好。如一些包装厂房或操作岗位，往往缺乏防尘、防毒、防噪声等措施，特别是对聚丙烯粉料、硅酸铝催化剂等包装时，车间里粉尘飞扬，极易导致员工患职业病。

2）缺乏安全防护设备和必要的个人防护用品。比如铆工与焊工在同一厂房作业，铆工有耳塞防噪声，但焊工却没有；焊工有防紫外线的面罩，保护眼睛，铆工却没有。

六、自然环境因素

如炎热季节的太阳辐射，长时间头部受照而发生中暑。

七、环境污染因素

如氯碱厂泄漏氯气，处于下风侧的无毒生产岗位的工人，吸入了氯气；化肥厂的氨气泄漏，可使处于下风侧的其他工种工人受害。

我国是职业病危害国家之一，有很多企业职工面临各种职业病的威胁。随着各项安全制度的不断完善，政府和企业都加了大对职业病预防和治疗的投入，职业病的危害正在减少，相信不远的将来，一定会有效遏制各类职业病。

职业病的防范措施

职业病是危害班组作业人员身体健康的重要原因，那么，应该怎样预防职业病，减少危害呢？可以采取以下几个方面的措施。

一、实施专人负责职业病危害因素的日常监测

制定监测管理制度，按照国家规定定期对工作场所职业病危害因素进行检测、评价，了解工作场所职业病危害程度、防护设备的效果是否符合国家职业卫生标准。对发现的问题、超过国家职业卫生标准的岗位及隐患应制订整改计划，按时完成整改。

二、加强员工身体检查

（1）对接触职业危害因素的职工进行上岗前、在岗期间和离岗时的定期职业健康检查，争取早期发现健康损害，及时进行处理或治疗，防止病损的发展。

（2）对作业场所职业病危害因素定期进行监测，一旦发现超标，应及时查明原因，采取防制对策。

（3）对疑似职业病者明确诊断后，要给以及时、合理的处理，防止恶化和复发及并发症。

三、个人卫生保健措施

（1）定期开展健康监护，按照国家规定进行职业健康体检，全面掌握班组员工的健康状况，并建立职业健康监护档案。

（2）作业人员要做好个人防护，正确使用个人防护设备，这也是预防职业病的有效措施之一，包括防毒面具、防毒口罩、防护眼镜、手套、围裙、胶鞋等。如防护皮肤损伤用的皮肤防护膏；防辐射热的防热服；在有酸、碱等腐蚀性物质处应设置冲洗设备等。在易发生急性职业中毒事故的岗位应配备防护用具、医疗药械等。

四、加强作业场所的卫生管理

（1）通风排毒。发生尘毒的工作场所，应设置通风装置，排除尘毒。对排除的尘毒必须净化、中和或过滤，防止周围环境污染。有高温辐射热的工作场所要做好隔热及通风降温。一切通风设施事先应合理设计，并保持经常地维修保养。

（2）隔离密闭。对产生尘毒等有毒有害因素的设备或作业，应采取隔离的原则，使污染源不扩散；有些设备要加强密闭，控制"跑、冒、滴、漏"。

（3）改革工艺。从工艺上改革、消除或控制生产劳动中的职业病危害因素是有效的预防措施。如用低毒或无毒的原料代替有毒或高毒原料；用机械遥控操作代替人工操作等。

第六节　其他作业的安全常识和培训

焊接与热切割作业的危险有害因素

焊工作为企业的特殊工种，实用性和普及性强，只要有金属制作的地方，都会出现焊工的辛劳身影。焊工与高温是分不开的，因此他们几乎每日都挥汗如雨，是最辛苦的工作之一。同时，他们每日还要与有毒气体相伴，与强光、红外线、紫外线等"结缘"。

有些长期焊接和气割钢材的焊工，会慢性锰中毒。因为使用锰焊条或焊接锰钢材、气割锰合金钢材等，会产生大量含锰的烟尘，工人们吸进肺里后，临床表现以锥体外系神经系统症状为主，且有神经行为功能障碍和精神失常。

此外，电焊产生的强光、红外线、紫外线，以及焊接中的电子束所产生的 X 射线，也会直接影响焊工的身体健康。

焊工在焊、割金属材料的作业中，会产生放射物质、高频电磁场、有毒气体、弧光辐射、金属烟尘、噪声等有害因素。在特殊环境下的焊割作业，如在高空、封闭的容器内作业，会发生爆炸、中毒、触电、窒息、灼烫、火灾、灼伤、高处坠落等伤害事故。当然，这是有条件的，如焊割中存在缺陷，安全可靠性得不到保证，或在作业时不注意安全，违反操作规程等，都会造成危及本身和其他作业人员的安全及财产损失的重大事故。

一、电弧光辐射的危害

电焊工在焊接时，所产生的电弧光主要包括红外线、紫外线、可见光。其中，紫外线主要通过光化学作用对人体产生危害，它会损伤人的眼睛及裸露在外的皮肤，引起角膜结膜炎，即电光性眼炎和皮肤胆红斑症。患者主要表现为眼痛、流泪、眼睑红肿痉挛、畏光等症状。人体在受紫外线照射后，皮肤可出现界限明显的水肿性红斑，严重时可出现水泡、渗出液和浮肿，并有明显的烧灼感。

二、金属烟尘的危害

电焊工使用不同的焊条进行焊接，所散发出的电焊烟尘的成分有所差异。焊条是由焊芯和药皮组成的。焊芯除含有大量的铁外，还有铬、镍、碳、锰、硅、硫、磷等成分；药皮内材料主要由锰铁、萤石、金红石、纯咸、水玻璃、大理石等物质组成。

焊接时，电弧放电产生 4000~6000℃高温，在熔化焊条和焊件的同时，产生出了大量的烟尘，主要含有氧化锰、二氧化硅、氧化铁、硅酸盐等成分。在作业环境中，电焊烟尘粒弥漫，极易被吸入人的肺内。电焊工长期吸入这种烟尘，会造成肺组织纤维性病变，即称为电焊工尘肺，而且常伴随锰中毒、氟中毒和金属烟雾热等并发症。患者主要表现为胸痛、胸闷、气短、咳嗽等呼吸系统症状，并伴有全身无力、头痛等病症，肺通过气功能也有一定程度的损伤。

三、有毒气体的危害

在焊接电弧所产生的高温和强紫外线作用下，弧区周围会产生大量的有毒气体，如一氧化碳、臭氧、氮氧化物等。

1. 一氧化碳

它是一种无味、无色、无刺激性气体，极易与人体中运输氧的血红蛋白相结合，而且极难分离。因而当大量的血红蛋白与一氧化碳结合以后，氧便失去了与血红蛋白结合的机会，使人体输送和利用氧的功能发生障碍，造成人体组织因缺氧而坏死。

2. 臭氧

它是一种无色、有特殊的刺激性气味的气体，对呼吸道黏膜及肺有强烈的刺激作用。焊工在短时间吸入 0.4 毫克/立方米低浓度的臭氧时，即可引起胸闷、咽喉干燥、咳嗽、食欲减退、疲劳无力等症状，长期吸入低浓度臭氧时，则可引发肺气肿、支气管炎、肺硬化等。

3. 氮氧化物

它是一种有刺激性气味的有毒气体，其中常接触到的氮氧化物主要是二氧化氮。它是一种红褐色气体，有特殊臭味。当它被人体吸入时，经过上呼吸道进入肺泡内，逐渐与水起作用，形成硝酸及亚硝酸，对人的肺组织产生剧烈的刺激与腐蚀作用，会引起肺水肿等病症。

焊接作业的防护措施

安全生产管理包括两个方面的内容：一是要预防作业中工伤事故的发生，即预防爆炸、触电、机械伤害、火灾、金属飞溅等事故；二是要预防职业病的危害，如防毒、防尘、防射线、防噪声的侵害等。

由于焊工是一个高危的岗位，因此在作业过程中，班组和作业人员需要进行安全保护，创造出一个安全、卫生、舒适的作业环境，把作业人与作业中的危险因素和有毒因素隔离开来，以保证安全生产及作业人的健康和生命安全。反之，不重视自我防护，就会出现慢性中毒，甚至发生窒息、烧伤、炸伤、触电等重大事故。

焊接作业的个人防护措施主要是对头、面、眼睛、耳、呼吸道、手、身躯等方面的人身防护。焊工在作业时应采取以下个人防护措施。

一、不断改进焊接工艺和材料

现代企业通过提高焊工的焊接技术，逐步在各类焊接作业中实现机械化、自动化焊接操作，使作业人与焊接环境相隔离，消除电焊烟尘散发的有害气体对人体的危害。通过改进焊接工艺，如合理设计焊接容器的结构，采用单面焊、双面成型新工艺，避免焊工在通风极差的容器内进行焊接，使焊工的作业条件得到极大的改善。

此外，企业还可以选用 CO 技术，它能够使电焊烟尘离子荷电得到抑制，使 80%~90% 的电焊烟尘被抑制在工作表面，实现净化烟尘，减少电焊烟尘污染。由于电焊产生的危害大多与焊条药皮成分有关，所以通过改进焊条材料，选择无毒或低毒的电焊条，也是降低焊接危害的有效措施之一。

二、改善作业场所的通风状况

通风方式可分为自然通风和机械通风。焊工在自然通风较差的室内、封闭的容器内进行焊接时，可以选择机械通风，依靠风机产生的压力来换气，这样一来，通风不好的环境，除尘、排毒效果就会变得比较好。

三、加强个人防护措施

电焊工在作业时，必须使用相应的面罩、防护眼镜、口罩、手套，穿白色防护服、绝缘鞋，切不可只穿短袖衣或卷起袖子作业。如果在通风条件差的封闭容器内工作，还要佩戴使用有送风性能的防护头盔。焊工只要注意加强个人防护，完全可以阻止焊接时所产生的有毒气体和粉尘对自己的危害。此外，接触钍钨棒后应以流动水和肥皂洗手，并注意经常清洗工作服及手套等。

四、加强劳动保护宣传教育及现场跟踪监测工作

班组应经常对电焊工进行必要的职业安全卫生知识教育，提高焊工自我防范意识，降低职业病的发病率。同时，还应加强电焊作业场所尘毒危害的监测工作，以及电焊工的体检工作，及时发现和解决问题。

电气安全技术

在现代生活和生产中，电能的使用可以说是无处不在，它给人类的生活带来极大的便利，增添了色彩。但是任何事物都有两面性，电能在给人类送来福音的同时，又对人类构成威胁。一旦触电，会造成伤亡，电气事故还会引起火灾，毁坏生活、生产设施及设备。

电气事故主要包括触电事故、电气火灾、爆炸、静电危害、电磁场危害等，因线路故障、设备故障对人身安全造成危害的。由于物体带电难以为人们觉察，因而更具有危险性、隐蔽性。为了消除电气事故这个"阴险的杀手"，电气安全技术便应运而生。因此，在与电打交道的时候，懂得一些电气安全技术，掌握其规律，采取相应的安全措施，触电是可以避免的。

一、采用安全电压

采用由特定电源供电的电压系列，可以防止触电事故。电压系列的上限

值指两导体间或任何一导体之间都不得超过交流，即频率为 50 赫兹，有效值为 50 伏。

国家标准规定：安全电压额定值的等级为 42 伏、36 伏、24 伏、12 伏、6 伏。当电气设备采用了超过 24 伏电压时，就要采取防触电的防护措施。

手提照明灯、携带式电动工具，应采用 36 伏安全电压。在狭窄或行动不便的工作地点作业，以及周围有大面积接地导体的环境，如金属容器内、隧道内等，应使用 12 伏电压的手提照明灯。

采用安全电压后，在安全电流范围内的电流即使通过人体，也不会发生伤亡情况，从而在一定程度上保障了人身安全。

二、保证电气设备的绝缘性能

使用绝缘材料将带电导体封闭起来，使之不能被人体触及，从而保证人身安全。一般使用的绝缘材料有橡胶、胶木、塑料、云母、陶瓷、布、纸、矿物油等，如电工在作业时，要穿上绝缘靴、鞋等。

但绝缘有时也会遭到破坏，有的是机械损伤，有的是电压过高或绝缘老化产生电击穿。因此，必须使电气设备的绝缘程度保持在规定范围内。此外，使用绝缘电阻把电气设备的泄漏电流限制在很小的范围，可以防止漏电引起的事故。不同电压等级的电气设备，有不同的绝缘电阻要求，要定期进行测定。

三、采取屏护

用护盖、箱盒、遮栏、护罩等把带电体与外界隔绝开来，以减少人员直接触电的可能性，这是一种常见的防止触电的办法。

四、保证安全距离

在带电体与带电体之间、带电体与人体之间、带电体与地面之间、带电体与其他设施和设备之间，设置一定的安全距离。安全距离的远近，是由电压的高低、设备的类型及安装方式等因素所决定的。采用这个方法，可以有效地防止人和物撞上带电体引起触电。

五、合理选用电气装置

如在干燥少尘的环境中，可采用开启式或封闭式电气装置。而在潮湿和多尘的环境中，应采用封闭式电气装置。在有腐蚀性气体的环境中，必须采用封闭式电气装置。在有易燃易爆危险的环境中，必须采用防爆式电气装置等。应根据周围环境的需要，选择适合的电气装置。

六、装设漏电保护装置

采用漏电保护装置可以防止由于漏电而引发的触电、火灾，还可以监视、切除电源一相接地故障。有的漏电保护器还能够切除三相电机缺相运行的故障。

七、保护接地与接零

1. 保护接地

具体做法是把用电设备的金属与接地体连接起来，在电源为三相三线制中性点不直接接地，或单相制电力系统中，应设保护接地线。接地电阻值越小，越能把带电体的对地电压控制在安全电压范围内。但在电源为三相四线制变压器中性点直接接地的电力系统中，是不可以单纯采取保护接地措施的。

2. 保护接零

采用这个方法，是在正常情况下把电气设备不带电的金属部分与电网的零线紧密地连接起来。在电源为三相四线制变压器中性点直接接地的电力系统中，应采用保护接零。

因为在中性点直接接地的系统中，一旦设备漏电，触及设备的人体将承受近 220 伏的电压是很危险的，采取保护接零的安全措施，就可以消除这一危险。

接地装置广泛地选用自然接地极，当需要提高系统接地性能时，应采用人工接地极。自然接地电阻不得超过 4 欧姆，电阻超过 4 欧姆时，则可采用与大地有可靠连接的建筑物的金属结构，或敷设于地下的水管路等，以此用来作为自然接地极。而地下氧气管道和乙炔管道，或易燃易爆气体管道等，应严禁用来作为自然接地极。

矿山露天开采及事故预防

露天矿山的开采安全同地下矿山的开采安全一样，是安全生产工作的重点，也是难点。消除露天矿山开采事故隐患，控制矿山生产事故，减少人员伤亡和财产损失，是矿山安全的重要课题，必须引起高度重视。

露天开采分为机械开采、水力开采、人工开采、挖掘船开采等。露天开采所形成的采坑、台阶、露天沟道的总和称为采矿场。

露天开采通常是一个阶段一个阶段地向下剥离岩石，采出有用矿物。露天开采成本低，建设速度快，劳动生产率高，矿石回收率高，贫化损失小，具有比井下开采劳动条件好、工作安全等诸多优良条件。

露天开采的生产流程包括采剥工作面穿孔、装药爆破、装车、运输，矿石运至破碎场或选矿场，岩、土运至废石场。其中的三个重要环节是掘沟、剥离、采矿，而露天矿下降速度的快慢、新水平准备时间的长短，主要决定于掘沟速度。通常情况下，为保证露天矿持续正常的生产，在空间和时间上，掘沟、剥离和采矿三者之间应保持一定的超前关系，遵循"采剥并举，剥离先行"的原则组织生产。

露天开采的主要安全问题包括爆破作业安全问题、机械运行时的安全问题、交通运输的安全问题、用电的安全问题、边坡稳定问题、防排水的安全问题、阶段构成的安全问题等。在这些环节中，都必须严格遵循安全生产规程去作业，任何微小的疏忽，都可能带来不可挽回的巨大损失。为使事故消灭在萌芽状态，解决露天矿开采存在的诸多事故隐患，从根本上杜绝和降低事故发生率，应从以下几个方面入手。

一、不可盲目开采

在露天采剥工作面开工前，班组必须编制安全作业规程，经矿山企业负责人批准后施行。开采露天矿时，必须严格按照设计规定，控制采剥工作面的阶段高度、宽度和坡面角，不可盲目开采。另外，在开采前，矿区必须建立地面防水、排水系统，防止地表水泄入露天采场；防止山洪冲毁生产、运输系统，建构筑物；防止排土场矸（废）石场尾矿库发生泥石流；防止山体滑坡、边坡滑落。

二、规范开采

露天采剥工作面开工前，必须编制作业规程，经矿山企业负责人批准后施行。露天开采时，必须按设计规定，控制采剥工作面的阶段高度、宽度和坡面角。另外，还要注意以下几个方面的问题。

（1）按照安全生产规定，设置齐全的警报器和避炮房。

（2）开采区线路的架设要符合规范，对于老化的电线，要及时更新。

（3）作业人员保护用品必须配备齐全。

（4）井下禁止使用报废车辆及机械设备，并按规定申报安全检测。

（5）作业场地要按照要求合理利用，堆料要及时清理，场地积水应及时排除。

（6）要及时平整阴山坎，宕面顶部表土剥离要符合规定要求，一般应保持在2米以上，并随开采进度及时向前推进。

（7）开采面坡度应控制在规范要求的70°~75°以内。

（8）生产宕面与建筑物、道路等要留出300米以上的安全距离，每次爆破的宕口浮石一定要清理彻底。

（9）爆破用导火索长度一定要符合规范要求，达到1.2米以上。

（10）定期对矿山的环境进行各种指标的检测，发生重大险情应随时报检，以便科学排除事故隐患。

三、提高作业者的安全素养

班组长要接受相关安全知识培训，并取得《安全资格证》。班组作业人员应根据工种不同，参加相关的专业培训，取得相应的《特种作业人员操作证》，禁止无证上岗和违法作业，为从根本上杜绝不安全作业奠定基础。

四、加大安全监察力度

矿山开采企业一般都地处偏僻，较为隐蔽，监察难度较大。也正因如此，一些法制观念淡薄的人胆大妄为，"只要钱不要命"，置法规于脑后，使得死亡事故屡屡发生。所以，要加大对矿山开采企业的监察力度，强制其依法开采、规范作业。

矿山地下开采及事故预防

矿山地下开采的生产过程是一个很复杂的工程，它综合了测量、地质、安全、管理、爆破、运输、动力、掘进、开拓、通风、排水、提升等各项工作和科学技术。因此矿山开采一般须经过设计、基本建设等程序后，再通过竣工验收，才能投入正常生产。

矿山在建设和开采过程中，生产的各个系统、生产作业环境、管理组织技术措施、生产设备及设施都必须符合安全需要，不能发生事故而导致人员伤害或造成设备财产损失。

《矿山安全法》及有关法律法规、安全规程等都对矿山建设和矿山安全生产作了一系列的规定，要求矿山地下开采必须具备矿山安全开采的条件。只有严格遵循安全生产规程，在开采之前或在开采之中处处采取安全防范措施，才能把事故消灭在萌芽状态。

一、冒顶片帮事故的预防

在井下采矿生产中，冒顶片帮事故比较常见。发生冒顶片帮事故的原因是由于岩石不够稳定，加上强大的地压传递到顶板或两帮时，岩石便遭受到破坏，就会发生冒顶片帮事故。

在井下巷掘进中，有时会遇到岩石情况变坏，有断层破碎带时，如不及时加以支护或支架数量不足，都会容易引起冒顶片帮事故。在冒顶事故中，大部分都属于局部冒落或浮石砸死、砸伤人员的事故。这些都是由于矿山负责人事先缺乏认真、全面的检查，疏忽大意等原因造成的。

爆破后 1~2 小时的这段时间里，一般多发生冒顶事故。这是因为井下顶板受到爆炸的冲击和震动，会产生新的裂缝或者使原有断层和裂缝增大，破坏了顶板的稳固性，而这段时间，往往又正好是工人们在顶板下作业的时间。

永久支架与掘进工作面之间的距离最好不要超过 3 米；如果顶板松软，这个距离还应缩短。此外，在掘进工作面与永久支架之间，还必须架设临时支架。这样才能有效防止掘进工作面的顶板冒落。

另外，要加强工作面顶板的管理，定期检查所有井巷的顶板，如果发现有弯曲、歪斜、腐朽、折断、破裂的支架等，要及时予以更换或维修。此外，还要选择合理的支护方式，支护要及时、不要在空顶下作业。井下支架要有足够的强度，可以采用喷射混凝土支护、锚杆支护、锚喷联合支护等方法，维护采场和巷道的顶板。

二、冒顶事故时的自救和互救

（1）遇险时，应迅速撤退到安全地点。如果发现工作地点出现冒顶的征兆，当时又没有更好的措施防止采面顶板冒落，最好的防范措施是迅速离开危险区，撤到安全地点。

（2）遇险时，要靠帮贴身站立或到木垛处避灾。采面发生冒顶时，顶板通常不会沿岩壁冒落，因此当发生冒顶后，又来不及撤退到安全地点时，作业人应靠岩帮贴身站立避灾，但要注意帮壁片帮伤人。另外，在冒顶时，可能会将支柱压断或摧倒，但在一般情况下，不可能将质量合格的木垛压垮或推倒。所以，如作业人所在位置靠近木垛时，可撤至木垛处避灾。

（3）遇险后，应立即发出呼救信号。冒顶对作业人的伤害主要是砸、伤、掩埋或隔堵，当冒落基本稳定后，作业人应立即采用呼叫、敲打。如果敲打物料、岩块后，可能会造成新的冒落时，则不能敲打，只能采用呼叫等方法，发出有规律、不间断的呼救信号，以便救护人员和撤出人员了解灾情，组织力量进行抢救。

（4）员工在遇险时，要积极配合外部的营救工作。当冒顶发生后，一旦作业人被岩石、物料等埋压，不要惊慌失措，不要以猛烈挣扎的办法脱险，应维护好自身安全，设法构筑脱险通道，配合外部的营救工作，为顺利脱险创造良好条件。

三、防止瓦斯积聚的措施

1. 加强检查工作

对各用风地点的通风状况和瓦斯浓度及时进行检查，查明隐患进行处理。我国 20 世纪 80 年代就使用甲烷警报器、热放式甲烷检定器、光学甲烷检定器、甲烷遥测警报仪等甲烷检查仪器。20 世纪 90 年代以后，开始使用比较先进的 TX 系列智能便携式气体监测仪、遥测仪器等。

2. 抽放瓦斯

有些矿井煤层的瓦斯含量较大，应进行瓦斯抽放，以降低煤层及采空区的瓦斯涌出量。

3. 加强通风

《煤矿安全规程》规定的瓦斯浓度，即采掘工作面的进风风流中不超过 0.5%，回风风流不超过 1%，矿井总回风风流中不超过 0.75%，要使瓦斯浓度降低到这些数据以下。

四、防止瓦斯引燃的措施

（1）瓦斯抽放站、井口房、主要通风机房周围 20 米内，要禁止使用明火。

（2）瓦斯矿井要使用安全照明灯，井下禁止携带烟草及点火工具，禁止打开矿灯。

（3）严格管理井下火区。

（4）严格执行放炮制度。

（5）掘进工作面的局部通风机管理工作，局部通风机要设有风电闭锁装置。瓦斯矿井的电气设备要符合《煤矿安全规程》关于防爆性能的规定。

（6）防止机械摩擦火花。机械摩擦火花很容易引燃瓦斯爆炸，而井下采矿机械化程度正不断提高，煤矿井下由于摩擦火花，引起的瓦斯爆炸事故很多。因此不少矿井在摩擦部件的金属表面溶敷一层活性小的金属，这样即使摩擦火花形成了，也不会引燃瓦斯的。如在铝合金的表面涂各种涂料，以防止摩擦火花的发生，或在金属中加入少量的铍，以此降低摩擦火花的点燃性等。

第四章　危险源辨识和检控：从源头上逐一排除安全隐患

第一节　作业现场危险源的识别和评估

危险源的概念和分类

危险源是指具有潜在危险的源点或部位，是事故发生的源头。具体来说，危险源是指一个系统中具有潜在能量和物质释放危险的、可造成人员伤害、在一定的触发因素作用下可转化为事故的部位、区域、场所、空间、岗位、设备及其位置。危险源是能量、危险物质集中的核心，是能量从那里传出来或爆发的地方。危险源是导致伤害或疾病、财产损失、工作环境破坏或这些情况组合的根源或状态。

危险源不一定会发生危险，但它可能存在事故隐患，也可能不存在事故隐患。危险源存在于确定的系统中，不同的系统范围，危险源的区域也不同。比如，站在全国的角度上，对于石油、化工这样一些危险行业的一个企业（如炼油厂）就是一个危险源；站在一个企业的角度上，可能是某个车间、仓库就是危险源，一个车间系统可能是某台设备是危险源。因此，分析危险源应按系统的不同层次来进行。对安全隐患的控制与管理首先应考虑危险源。在国内，工业生产过程中的危险源一般分为七类。

（1）化学品类：毒害性、易燃易爆性、腐蚀性等危险物品。

（2）生物类：动物、植物、微生物（传染病病原体类等）等危害个体或群体生存的生物因子。

（3）特种设备类：电梯、起重机械、锅炉、压力容器（含气瓶）、压力管道、客运索道、大型游乐设施、场（厂）内专用机动车。

（4）辐射类：放射源、射线装置、电磁辐射装置等。

（5）电气类：高电压或高电流、高速运动、高温作业、高空作业等非常态、静态、稳态装置或作业。

（6）土木工程类：建筑工程、水利工程、矿山工程、铁路工程、公路工程等。

（7）交通运输类：汽车、火车、飞机、轮船等。

除此之外，还可以根据事故发生、发展过程中的作用进行分类。

1. 依据引起事故的直接原因

（1）物理性的危险和有害因素。例如火、噪声、电等。

（2）生理、心理性的危险和有害因素。例如体力或听力超负荷、过度紧张、辨别失误等。

（3）生物性的危险和有害因素。例如可引发疾病的微生物或传染病的其他媒介物。

（4）化学性的危险和有毒物质。例如易燃或有毒物质、腐蚀性物质等。

（5）行为性的危险和有害因素。最典型的就是违章作业，还有错误指挥、操作失误等。

2. 按照事故类型进行划分

按照员工伤亡事故可以将危险源划分为14种，它们分别是坍塌、触电、中毒、火灾、窒息、放炮、溺水、烫伤、机械伤害、意外坠落、车辆伤害、起重伤害、爆炸和其他伤害。

班组危险源识别的方法

班组长在安全生产管理中，辨识危险源是最基本的功力。在辨识各岗位上的危险源时，要注意掌握基本的辨识方法，从源头上排除安全隐患，保证员工的身体健康和生命安全，使企业安全生产得到充分的保障。班组长对危险源的识别与控制直接影响到企业各项任务的落实和安全管理的成效。

近些年来，国内外的一些企业根据事故发生的具体情况，从中吸取经验和教训，总结开发出的危险源辨识方法有几十种之多，如询问和交谈、现场观察、查阅有关记录、安全检查表、预危险性分析的辨别方法、专家咨询法、事件树分析、故障树分析等。班组成员必须掌握危险源识别的方法，及时对生产活动中可能存在的危险源进行辨识，制定风险控制措施，消除和降低安全风险，避免各类安全事故的发生。

一、询问和交谈

班组长以及具有班组工作经验的人，可以通过询问和交谈，指出他人工作中的危害因素，并且根据这些危害因素，初步分析出班组工作所存在的危险源。

二、现场观察

通过对班组作业现场的观察，能够发现场所中存在的危险源。进行现场观察，必须具有安全技术知识并熟知职业健康安全法规和作业标准。

三、查阅有关记录

可以通过查阅班组的记录，从中发现存在的危险源，如安全事故、职业病的记录等。

四、安全检查表

对安全检查表的辨识是班组长进行危险源辨识最常用的方法之一。班组长要了解与操作系统有关的资料，收集相关技术文件，据此列出可能影响系统安全性的因素；针对危险因素清单，从安全技术文件中，逐一找出对应的安全要求及应达到的安全指标和应采取的安全措施，形成一一对应的系统检查表。

五、预危险性分析的辨识方法

对预危险性分析的辨识，要求班组长应结合正确的系统标准检查方法、检查工艺过程和设备工程，评价工艺和设备的错误操作或故障的潜在危险及其对整个工艺和设备的影响后果，分析是否构成危险，并采取相应整改措施。

六、专家咨询法

班组长可以邀请安全问题及其相关部门的专家或专业技术人员，并组织班组成员开展座谈会，请专家对企业或班组所需作业的危险源进行诊断，提出建议或意见。班组要结合工作中的实际情况，制定相应的措施和应急预案。

七、事件树分析

事件树分析法是从原因到结果的过程分析方法。班组长要考虑全面，利用逻辑思维的规律和形式，以"人、机、物、环境"综合系统为对象，分析各环节事件成功与失败两种情况，以预测系统可能出现的各种结果。

八、故障树分析

故障树分析法是根据系统可能发生的事故或已经发生的事故结果，去寻求与该事故发生有关的原因或规律，并辨识系统中可能导致事故发生的危险源或危险源特性。这种分析方法要求班组长要有严密的逻辑思维能力，在分析过程中要厘清各种事件、原因及其相互之间的关系。

除了上述介绍的几种方法以外，还有很多常用的危险源辨识方法，如观察法、问卷调查法、访谈法、岗位分析法等。为了更好地掌握危险源，控制危险源可能带来的伤害和损失，班组长要掌握多种分析方法，做好危险源的管理工作。

班组危险源辨识的基本步骤

班组作业中，对危险源的辨识，要注意按照辨识的基本步骤进行。危险源的辨识可以按照以下步骤进行辨识。

一、确定危险源

班组长可以组织班组成员召开专门的会议，让员工结合自己的实际工作，采取头脑风暴法提出存在的安全问题或可能的危险源，进行实地调查，确定危险源。

二、了解危险源性质

将危险源列出来，预想可能产生的后果，分析它们的性质。

三、熟悉作业环境和生产过程

班组长要将作业环境中可能存在的危险源告知班组成员，带领他们熟悉作业环境和生产操作过程，了解可能遇到的危险源，提高警惕。

四、明确分类原则和识别方法

班组长要根据企业或工厂的实际情况，选用合适的分类原则和识别方法。

五、进行识别

在本企业或工厂的所有活动场所中，进行危险源识别。

六、分类记录，形成文件

班组长要对所调查和识别的危险源进行详细记录，并分类整理，形成文件，方便员工参考和学习。

班组危险源评估的方法

班组危险源的评估方法有是非判断法和 LEC 评价法。班组长要掌握危险源的评估方法，及时评估危险源，以采取正确的防范措施，遏制安全事故的发生。危险源评估的方法及其具体内容如下。

一、是非判断法

有些危险源是比较明显的，可以直接做出评估。对下列危险源可直接判定为重大危险源。

（1）曾经发生过事故，仍未采取有效措施的。

（2）直接观察到的重大危险。

（3）国内外同行业事故资料显示的重大危险。

（4）根据有关工作人员的经验判定的重大危险。

（5）不符合法律法规或其他要求的。

二、LEC 评价法

1. LEC 评价法的概念

这个方法采用与系统风险率相关的三个方面指标值的乘积来评价系统中

人员伤亡风险的大小。这三个方面分别是发生事故的可能性大小、人体暴露在这种危险环境中的频率、事故发生后可能造成的后果。LEC 评价法是对具有潜在危险性作业环境中的危险源进行半定量的安全评价方法。

2. LEC 评价法的赋值标准

可以采用半定量计算方法取得科学准确的 L、E、C 指标数据，以简化评价过程。通常来说，就是根据以往的经验和估计，对这三方面进行划分，分成不同的等级，并赋值，再以三个分值的乘积 D 来评价危险性的大小，即风险值 D=L×E×C。

式中，D 的值越大，说明该班组作业的危险性越大，这时，班组长应及时采取安全措施，例如改变发生事故的可能性或减少人体暴露于危险环境中的频繁程度，直至调整到允许范围内。L、E、C 指标的赋值标准如下。

（1）事故发生的可能性（L）。如果用概率表示事故发生的可能性（L）的大小时，那么概率为零的是绝对不可能发生的事故，而必然发生的事故概率为 1。但是从生产安全角度出发，绝对不可能发生的事故是不成立的，所以人为地将事故发生的可能性（L）最小值取值为 0.1，必然发生的事故的分数定位为 10，其他情况取 0.1~10 的中间值。具体赋值标准如表 4-1 所示。

表 4-1　事故发生可能性的赋值标准

分数值	事故发生的可能性（L）
10.0	完全可以预料
6.0	相当可能
3.0	可能，但不经常
1.0	可能性小，完全意外
0.5	很不可能，可以设想
0.3	极不可能
0.1	实际不可能

（2）暴露于危险环境的频繁程度（E）。将连续暴露在危险源环境的情况赋值为 10，如果暴露在危险源环境中的频率极低，就赋值为 0.5，介于两者之间

的各种情况可以根据实际情况规定中间值。具体赋值标准如表 4-2 所示。

表 4-2　暴露于危险环境的频繁程度的赋值标准

分数值	暴露在危险环境的频繁程度（E）
10.0	连续暴露
6.0	每天工作时间暴露
3.0	每周一次或偶然暴露
2.0	每月暴露一次
1.0	每年几次暴露
0.5	暴露非常罕见

（3）发生事故的后果（C）。由于事故给作业人员造成了严重的人身伤害，给企业带来了较大经济损失，因此，规定其分数值范围为 1~100。需要救护的轻微伤害或较小财产损失的分数可以规定为 1，造成多人死亡或重大财产损失的可能性分数规定为 100，其他情况的数值介于 1~100。具体赋值标准如表 4-3 所示。

表 4-3　发生事故后果的赋值标准

分数值	发生事故的后果
100	10 人以上死亡
40	3~9 人死亡
15	1~2 人死亡
7	严重，重伤
3	重大，致残
1	引人注意，不利于基本安全卫生要求

（4）确定风险级别界限值。计算风险值 D，根据实际情况确定风险级别的界限值。如情况发展有变，应及时作出调整，以符合持续发展的要求。风险值（D）的级别划分标准如表 4-4 所示。

表 4-4 风险值级别划分标准

D	>320	160~320	70~159	21~69	<20
危险级别	极其危险	高度危险	显著危险	一般危险	稍有危险
备注	不能继续作业	要立即采取措施和整改	需要整改	需要注意控制	可以接受，需要关注

班组危险源评估的流程

班组危险源评估的流程如图 4-1 所示。

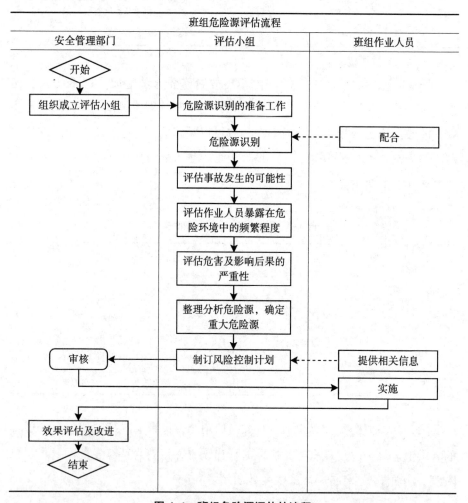

图 4-1 班组危险源评估的流程

班组危险源级别库建设

危险源级别库是对各级危险源进行科学管理与监督的基础，有利于提高班组长对危险源管理工作的效率，杜绝或减少重大安全事故的发生。危险源级别库具有相关数据的添加、修改、查询、复制、打印等功能。班组危险源级别库的建设要考虑以下几个方面。

一、制订危险源级别库建设方案

要建设班组危险源级别库，首先要制订危险源级别库建设方案。危险源级别库建设方案主要包括以下几方面的内容。

（1）建设班组危险源级别库的目的。

（2）明确危险源级别库的分级标准。

（3）明确相关人员的职责。

（4）危险源的辨识和审核。

（5）建设危险源级别库的进度安排和时间限制。

二、建设危险源级别库的主要工作内容

1. LEC 危险源分级标准

班组长应对危险源进行分级，可以采用 LEC 分级方法，从 LEC 评价法中查找 D 值对应的分数值，根据实际将危险源进行分级。

2. 辨识与评审危险源

班组长应该根据实际掌握的各个危险源级别，对危险源及可能造成的伤害进行辨识，同时组织安全专家对危险源辨识结果数据的正确性、真实性、充分性进行评审，做出安全评审结论及建议。安全评审的主要内容包括：危险数据库建设的真实性、准确性和充分性；班组的人员结构和任务分配情况；危险源的具体情况及相应级别；危险源的类型、数量和危险性分析总结；危险源的分布、危险性对比等综合情况分析和汇总；安全评审结论与建议。

3. 对危险源进行监控和整改

班组长应对各级别的危险源进行跟踪，根据不同级别及种类，采取有效措施，控制危险源，如果发现可能出现的重大安全隐患，应立即停止作业，进行整改。

三、专业培训

班组长应针对危险源的实际情况及其级别，对班组员工进行相关知识的教育和培训，确保危险源级别库的正常使用，充分发挥其作用。

四、班组危险源级别库的维护

班组长要注意对危险源级别库的日常维护，加强对危险源级别库的管理，防止病毒的入侵或恶意程序对级别库的更改，提高级别库的稳定性和安全性。

第二节 作业现场危险源的检查和预防

班组检查危险源的主要内容

一、对班组制度和档案管理的检查

班组长对班组制度和档案管理的检查，主要注意以下几个方面的内容：

（1）是否制定了重大危险源的安全管理制度。

（2）是否按规定对重大危险源进行申报登记及信息变更。

（3）是否针对重大危险源建立了相关档案。

（4）是否按规定对重大危险源进行普查和辨识，并有重大危险源分布图。

二、对作业人员的检查

班组长对班组作业人员的检查，主要注意以下几个方面的内容：

（1）班组作业人员在作业前是否都参加了三级安全教育和培训，是否考试合格后才上岗。

（2）进行特种或危险作业的人员是否经过专门安全培训，是否考试合格后才持证上岗。

（3）班组成员的劳动防护用品是否及时更新、更换。

三、对作业现场的检查

班组长对作业现场的检查，主要注意以下几个方面的内容：

（1）是否在重大危险源场所设置安全警示牌。

（2）作业场所的安全网及其他安全防护工具是否及时检修和更换。

（3）是否定期对重要的机械设备和相关设施进行检验，并做了详细记录。

四、对应急处理的检查

班组长对应急处理的检查，主要注意以下几个方面的内容：

（1）是否按规定进行安全评价，并编制安全评价报告，提出的问题是否已经整改确认。

（2）是否对重大危险源的工艺参数、有害物浓度等进行了定期的检测。

（3）是否为重大危险源可能发生的安全事故制订了应急预案。

（4）应急预案中是否制定了安全事故控制措施及疏散方式；是否有主要负责人及相关救援单位的联系方式；预案中是否制订了医疗救治方案。

（5）是否针对重大危险源进行定期的演练，并对演练结果作了详细记录。

班组检查危险源的方法

一、常规检查

常规检查是依据危险源管控人员的个人经验和能力在班组作业现场，通过感观或辅助的简单工具和仪表等，对作业人员的行为、作业场所的环境条件、机械设备等进行检查，及时发现作业现场存在的危险源并采取措施予以消除。常规检查的结果会受到危险源管控人员个人素质的影响。因此，常规检查对危险源管控人员素质的要求较高。

二、仪器检查法

仪器检查法是根据不同的检查对象，选择相应的检查仪器和手段对生产使用的机械设备进行检查，检验或测量机器、设备内部的缺陷及作业环境条件的真实信息或定量数据，发现安全隐患，从而为危险源控制提供信息。

三、安全检查表法

采用安全检查表法进行危险源的检查可以使危险源的检查工作更加规范，将个人行为对检查结果的影响减少到最小。

1. 安全检查表的使用说明

安全检查表是发现和查明各种危险源、监督各项安全措施实施的有效工具。首先，应在安全检查表中列举需查明的所有可能导致事故的不安全因素。其次，为了使责任分明，每个检查表均需注明检查时间、检查者、直接负责人等。

2. 安全检查表的编制

编制安全检查表时应结合企业和班组的实际情况，明确检查项目，做到系统、全面。编制安全检查表的依据：国家及企业内部的有关标准、规范及规定；国内外事故案例和企业在安全管理及生产中的有关经验；通过系统分析，确定的危险源及防范措施。

3. 安全检查表中的危险源检查项目

在编制安全检查表时，应首先明确检查项目，检查项目包括管理制度、申报登记、档案管理、危险源分布图、作业人员、安全检查及整改情况、安全警示标志、安全评级、应急预案等。

班组检查危险源的流程

班组检查危险源的流程如图 4-2 所示。

班组控制危险源的方法

班组对危险源的控制可以从三个方面进行，分别是管理控制、技术控制、对人的行为控制。班组可以利用这三种方法消除或控制危险源，防止危险源引发安全事故、造成人员伤害和财产损失。班组危险源控制的方法具体内容如下。

一、管理控制

1. 建立健全班组危险源管理相关的规章制度

确定危险源后，各班组长应在对危险源进行系统危险性分析的基础上，建

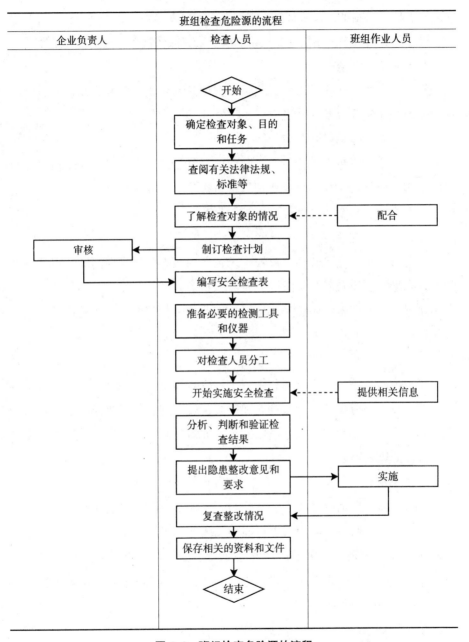

图4-2 班组检查危险源的流程

立健全各项规章制度，包括日常管理制度、岗位安全生产责任制、信息反馈制度、操作人员培训考核制度、交接班制度、安全操作规程、安全检查制度等。

2. 定期进行检查

班组长要根据各个危险源的实际情况明确其负责人，并定期检查，对检查中发现的违纪现象及安全隐患应及时处理。

3. 加强危险源的日常管理

班组长要认真贯彻执行有关危险源的日常管理制度，做好安全值班和交接班工作，督促员工按安全操作规程进行操作，按安全检查表进行日常安全检查，危险作业必须经过审批后才能作业等。

4. 及时进行整改

班组长要根据危险源信息反馈系统，严格实施信息反馈制度。根据发现的事故隐患的性质及其严重程度，要分级整理并实行信息反馈和整改，同时作详细记录。发现重大隐患应立即停止作业并进行整改，整改通过后方可重新开始作业。

二、技术控制

技术控制，顾名思义就是利用技术措施对固有危险源进行控制，防止事故发生，减少或避免造成事故危害和损失。技术控制的主要控制手段有消除措施、预防措施、减弱措施、隔离措施、连锁措施、警告措施、应急救援措施等。其具体内容如下。

1. 消除措施

消除措施可以消除系统中的危险源，从根本上防止事故的发生。但是事实上，彻底消除所有危险源是不可能的。因此，班组长应首先选择危险性较大、在现有技术条件下可以消除的危险源。可以通过选择合适的工艺、技术、设备、设施及合理结构形式，选择无害、无毒或不能致人伤害的物料来彻底消除某种危险源。

2. 预防措施

如果不能消除危险源，就要及时采取适当的预防措施，如使用安全网、安全阀、漏电保护装置、安全电压、熔断器、排风装置等，以有效预防安全事故的发生。

3. 减弱措施

有的危险源不能消除，也难以采取预防措施，可采取减轻危险因素的措施，如选择降温措施、避雷装置、消除静电装置、减震装置等，最大限度地减轻危险源带来的伤害。

4. 隔离措施

有些危险作业，要控制危险源，采取隔离措施，将人员与危险源隔离并将不能共存的物质分开，如采取遥控作业，设置安全罩、防护屏、隔离操作室、安全距离等。

5. 连锁措施

当员工操作失误或设备运行达到危险状态时，可以通过连锁装置终止或减轻危险、危害发生。

6. 警告措施

在易发生故障和危险性较大的地方，设置醒目的安全色、安全标志，必要时还应设置报警装置。

7. 应急救援措施

班组应针对各个危险源的级别及其危害程度，制订重大危险源应急救援预案，当事故发生时，要立即启动应急救援预案，组织有效的应急救援力量迅速实施救护，减少事故造成的人员伤亡和财产损失。

除了上述措施外，还可以采取防护措施、监控措施、保留措施和转移措施来控制危险源。

三、对人的行为控制

对人的行为控制是指控制人为失误，减少人的不正确行为对危险源的触发作用。人为失误的主要表现形式有操作失误、违章操作、错误指挥、粗心大意、懒散、疲劳、紧张、疾病或生理缺陷、使用防护用品和防护装置不当等。对人的行为的控制可以采取以下手段。

1. 加强相关的安全教育和培训

要有效控制危险源，防止生产事故的发生，各班组成员应掌握相关的安全知识和操作技能，提高自己的安全意识。班组长要认真对待危险源的各项控制措施，保证各项措施得到全面落实。对涉及危险源控制作业人员进行教育和培训，培训方式应多种多样，要用形象、直观的表达方式进行讲解。

2. 操作规范化

控制危险源还应注意员工的操作行为，制定合理的操作步骤、操作内容、形式及频次，选择合理的操作力度和方法。班组长应加强班组管理，检查班组成员的工作状态，减少疲劳作业。

排除安全事故隐患的管理办法

一、制定该办法的目的

制定安全事故隐患管理办法的目的是认真贯彻"安全第一、预防为主、综合治理"的安全生产方针，消除班组作业中的事故隐患，从根本上防止事故的发生，防止和减少生产安全事故。

二、职责分工和适用范围

安全事故隐患排除管理办法适用于企业各个生产部门及班组。总经理全面负责本公司事故隐患的排查治理工作；各部门负责人及有关人员在各自职责范围内对事故隐患排查治理工作负责；各班组应积极配合危险隐患排查工作。

三、可能存在的安全事故隐患及其分类

安全事故隐患是在生产经营活动中因违反安全生产法律、法规、规章、标准、规程和安全生产管理制度的规定，或者因其他因素而存在可能导致事故发生物的危险状态、人的不安全行为和管理上的缺陷。安全事故隐患分为一般事故隐患和重大安全事故隐患，具体内容如下。

（1）一般安全事故隐患。一般安全事故隐患的危害和整改难度较小，发现一般安全事故隐患后通常能够立即整改并排除。

（2）重大安全事故隐患。重大安全事故隐患是指危害和整改难度较大的安全隐患。重大安全隐患还可能是因外部因素影响致使生产经营单位自身难以排除的隐患。依照国家法律、法规规定，发现重大安全事故隐患要停产、

停业，经过一定时间整改治理后才能继续作业。

发现事故隐患后，员工应及时上报，各级领导应立即组织核实并进行整改。

四、排查安全事故隐患的规定

（1）企业负责人应每月至少组织一次安全事故隐患排查活动，参加排查工作的人员是安全生产管理人员、工程技术人员和其他相关人员等。

（2）各生产车间每周至少要组织一次安全事故隐患排查活动，而班组每天应至少组织一次。

（3）排查出来的事故隐患要按照事故隐患的等级进行登记，建立事故隐患信息档案。事故隐患等级依危害程度从大到小分成 A、B、C、D 四个等级。

五、安全事故隐患的整改工作

对安全事故隐患的整改可按照隐患的严重程度进行，如按照一般事故隐患和重大事故隐患进行。

1. 一般安全事故隐患

一般的安全事故隐患应由车间主任、班组长或者有关人员立即组织整改。

2. 重大安全事故隐患

对于重大安全事故隐患，应由企业负责人组织制定并实施事故隐患治理方案。重大安全事故隐患治理方案应当包括以下几方面的内容。

（1）治理的目标和任务。

（2）安全措施和应急预案。

（3）采取的方法和措施。

（4）经费和物资的落实。

（5）治理的时限和要求。

（6）负责治理的机构和人员。

六、排查时要做好安全防范措施

在安全事故隐患治理的过程中，要对其他安全隐患采取相应的安全防范措施，防止二次事故发生。

（1）事故隐患排除前或者排除过程中也可能发生安全事故，造成不必要的伤害，所以排除前应当将危险区域内的作业人员撤出，并疏散可能危及的其他人员。

（2）在事故隐患排查现场设置明显的警戒标志。

（3）暂时停产、停业或者停止使用机械设备，并对机械设备加以维护和保养，防止事故的发生。

开展班组危险预知活动

在企业里，班组是最基层单位，是企业安全工作的落脚点，搞好班组安全管理工作，是企业安全工作的前提和保障。而班组危险预知活动则是班组现代安全管理的一种方式。

实践证明，班组开展此项活动后，大大降低了安全事故。此外，危险预知活动的开展，对加强班组安全管理，提高班组成员的安全意识，调动班组成员搞好安全生产的积极性，杜绝事故的发生等都具有重要的意义。但是，有些企业的班组却忽视了这一点，导致员工的安全意识淡薄，安全事故也因此"乘虚而入"。

班组危险预知活动，是作业前的科学预测，通过对各种危险因素的预测，使各种预测结果适合现场使用，成为工人的作业指南。如果每一名员工都积极参与，班组长高度重视，并加强组织领导，群策群力，定期进行检查评比，就能预防事故的发生，把发生事故的可能性降低到最小限度。

一、班组危险预知活动的内容

通过危险预知活动，应明确几个问题。

（1）明确作业人员、作业地点、作业时间。

（2）对作业现场状况了如指掌。

（3）分析潜在事故的原因。

（4）预知潜在事故的模式。

（5）落实危险控制措施。

二、危险预知活动的程序

（1）发现隐患、问题。

（2）研究重点。

（3）提出预防措施。

（4）制定预防对策。

（5）监督措施的落实。

三、做好班组危险预知应注意的问题

1. 做好危险预知的宣传教育

班组在危险点辨识结果的基础上，进行危险预知的宣传教育，开展好考评活动，及时推广危险点分析和宣传活动中好的典型。

2. 班组长要事先准备

在活动前，班组长要对所要进行的危险预知课题进行一番准备，以便在活动时发言有内容、有深度，提高活动质量。

3. 全员参加

要充分发挥班组的集体智慧，调动全体班组成员的积极性，使大家在活动中受到教育。危险预知活动应在活跃的气氛中进行，让所有组员有充分发表意见的机会。

4. 危险点分析形式要多样化

班组长可结合岗位作业状况，在作业现场进行直观的、更有效的分析，如画一些作业示意图，召集大家进行分析讨论；也可随着作业现场环境、条件的变化，对危险点进行动态的分析。

四、班组开展危险预知活动的四个阶段

1. 第一阶段：了解现状

班组长在安排当天的工作任务时要提问班组成员作业中存在哪些危险，还应引导尽可能要多数人说话。班组成员也要积极配合班组长回答可能存在的危险。班组长还要通过事故事例进行安全讲解，并对班组人员发表的内容进行记录。直到多数人提出了意见或没有其他危险时，才能进入下一阶段的工作。

2. 第二阶段：追求本质

班组长在这一阶段首先将第一阶段所了解到的危险因素列举出来，与班组成员共同分析，同时对各个危险因素进行标记。

3. 第三阶段：建立对策

建立对策阶段是为了预防或防止标记中的重要危险因素，提问"如果是你，你会怎么做"，引导班组成员进行思考，综合班组成员的意见建立可行的对策。建立对策后才能进入下一阶段的工作。

4. 第四阶段：设定目标

班组长要针对建立的对策，与班组成员一起讨论，选定当天要实施的目标，并把目标简化成"关键点"简单记录，并一起大声喊三次。

第五章 生产设备安全管理：确保生产设备"零隐患"

第一节 班组机器设备安全隐患的认识

机器伤害的基本类型

在生产过程中，机器伤害的安全事故比较常见，总结各起安全事故的经验和教训，可以将机器造成的伤害划分为以下几类。

一、卷入、碾轧

有些机器设备是轮子或链子相互配合运动进行作业的，操作人员要注意与啮合的齿轮以及齿轮的齿条保持一定的距离，以免被卷入其中造成伤害，或者两轮子与轨道、车轮与路面等滚动的旋转时，避免发生碾轧等。

二、挤压、剪切和冲击

有些机器的运动轨迹可能是横向的（如大型机床的移动工作台），也可能是纵向的（如剪切机的压料装置和刀片、压力机的滑块等），它们往往做直线运动，如果不注意按章操作或其他原因，就容易造成挤压、剪切或冲击等伤害。

三、卷绕、绞缠

如果操作人员使用的机器中，有些零部件是做回转运动的，例如轴类零部件，包括联轴器、主轴、丝杠等，这些零部件在做旋转运动时容易将人的头发、饰物、手套、肥大衣袖或下摆随回转件卷绕，继而引起对人的伤害。

四、物体坠落打击

在进行一些高空作业时，员工携带的工具有可能会因为操作不熟练或错误操作，使机器工具坠落，例如悬挂物体的吊挂零件破坏或夹具夹持不牢固引起物件坠落等。这样，容易给恰巧经过的其他员工带来伤害。

五、跌倒、坠落

有些工作场所，由于地面堆物过于杂乱无章或地面凹凸不平，会导致员工磕绊跌伤，或者因接触面摩擦力过小造成打滑、跌倒；还可能在高空作业时，不小心从高处失足坠落，或误踏入坑井坠落等。

六、碰撞、擦伤

一些户外的大型机器设备，结构上有凸出或悬挂部分，如起重的支腿、吊杆，机床的手柄等。这些物件无论是静止的还是运动的，都可能产生危险，如碰撞、擦伤等。

七、切割、夹断

凡是装有切削刀具的锋刃、尖棱、砂轮等机器设备，或零件表面有毛刺，这些机器设备本身会构成潜在的危险，机器运动时，极易出现切割、夹断操作人员肢体的事故。

八、电气、温度过高或过低

当人体与带电体接触或电线老化产生漏电时，就容易产生危险。电气危险的主要形式是电击、燃烧和爆炸。而温度过高或过低也容易带来危害，例如人体和高温物体或材料接触，以及热源辐射所产生的烧伤或烫伤；低温则可能造成冻伤等。

九、噪声

噪声的主要来源有机械运动产生的噪声、电磁发出的噪声和空气动力噪声等。噪声分贝过高可造成机器操作人员耳鸣、听力下降、永久性听力损伤甚至耳聋等。

十、振动

如果员工长期处于振动的作业环境中，会对人体造成生理和心理的影响，严重的振动可能产生生理严重失调等病变。

十一、辐射

有些机器在工作时，会产生辐射。辐射主要包括电离辐射（X 射线，γ 射线、α 粒子、β 粒子、质子中子、高能电子束等）和非电离辐射（如电波辐射、光波辐射和激光等），辐射也会给人体带来慢性伤害。

由机器设备产生的危险

机器设备是班组员工在生产过程中最常用的一类生产工具。由机器设备产生的危害是指机械本身和在机械使用过程中产生的危险。作业人员可能会受到来自机械自身、燃料原材料、新的工艺方法和手段造成的危害，或者由于人对机器的操作过程，以及机器设备所在的作业场所和环境条件等多方面原因造成的危害。由机器设备产生的危害有以下几个方面。

一、由传动装置产生的危险

机器的传动装置一般分为齿轮传动、链传动和带传动。如果机器设备的部件不符合要求，如传动部分和突出的转动部分外露或无防护等，就可能把手、衣服绞入其中造成伤害。如果操作人员不注意，链传动与皮带传动的带轮容易把工具或人的肢体卷入，或者当链和带断裂时，容易发生接头抓带人体、皮带飞起等事故，对作业人员造成伤害。

此外，由于传动过程中会产生摩擦或带速过高，容易使传动带产生静电火花，引起火灾和爆炸。

二、由压力机械产生的危险

常见的压力机械有冲床、剪床、粉碎机、弯边机、模压机、压印机和碾压机等。压力机械都有其施压部位，在操作压力机械时，施压部位是最危险的。而且这类设备多为手工操作，操作人员容易产生疲劳和厌烦情绪，发生人为失误，如进料不准造成原料压飞、模具移位、手进入危险区等，对作业人员造成人身伤害。

三、由机床产生的危险

机床是高速旋转的切削机械，危险性很大。由机床产生的危险具体表现为以下形式。

（1）机床的旋转部分，如钻头、车床旋转的工件卡盘等，容易与人的头发、衣服、袖口、围巾、手套等缠绕在一起，造成伤亡事故。

（2）如果操作人员不小心与机床相碰撞，如由于操作方法不当，用力过猛或者使用工具规格不合格，都可能使操作者撞到机床上，容易对操作人员造成危害。

（3）操作人员操作时站的位置不当，可能会受到机械运动部件的撞击，例如，站在平面磨床或牛头刨床运动部件的运动范围内等，就容易对操作人员造成危害。

（4）高速旋转的铣刀也会造成很大的威胁，如不小心，就可能削去操作人员的手指甚至手臂。

（5）有些机械设备在运行时，可能会产生磨料飞溅和切屑崩碎的现象，如果站在其范围内，可能会发生飞溅的赤热钢屑、刀屑划伤和烫伤人体等事故。

（6）作业场所的设施配备不良或环境卫生不好可能会使作业人员滑倒、摔伤等，如照明不足，地面滑污，机床布置不合理，通道狭窄以及零件、半成品堆放不合理等。

（7）冷却液对皮肤的侵蚀，噪声对人体的危害等，直接或间接地危害作业人员的身体健康，诱发职业病。

四、其他方面的危害

（1）有可能造成危害的机器设备等物质，如转机轮没有安全罩，与人体接触造成伤害。

（2）作业人员在作业中违反有关安全技术或工艺规定，随心所欲地作业。如有的作业人员在高处作业不系安全带，即使系了安全带也不按规定挂牢等。

机械设备各种状态的安全问题

机械设备在运行过程中以及在运输、安装、调整、维修、拆卸和处理时，可能对作业人员造成损伤或对健康造成危害。这种伤害在机器使用的任何阶段和各种状态下都有可能发生。因此，班组长在安全生产管理中，不能忽视机械设备在各种状态下存在的安全隐患，应保证安全生产。以下是机械设备在各种状态下可能会出现的安全问题。

一、正常工作状态

在机械设备正常运转过程中，必须具备某些运动要素，但这些运动又是不可避免的，例如，大量形状各异的零部件在相互运动、切削以及起吊重物等过程中存在着碰撞、切割、重物坠落、使环境恶化等危险因素。

二、非正常工作状态

机械设备的非正常工作状态是由于各种原因（可能是作业人员错误操作、动力突然丧失或来自外界的干扰等）引起的意外状态。例如，意外启动、外界磁场干扰、运动或速度变化失控、大风造成起重机倾倒等。通常情况下，机械设备的非正常工作状态往往没有先兆，会直接引起安全事故，造成或轻或重的危害。

三、故障状态

故障状态是指机械设备（系统）或零部件出现了问题，不能正常工作，丧失了规定功能的状态。机械设备的故障大小对作业人员的危害程度不同。

（1）当机械设备故障对所涉及的安全功能影响很小时，就不会发生大的危险。例如，因机械的动力源或某零部件发生故障使机械停止运转时，该机械设备就处于故障保护状态。一般情况下，此类故障不会造成太大的危害。

（2）有些故障则会导致产生某种危险状态。例如，由于电气开关出现故障使机械设备不能停止工作，砂轮轴断裂导致砂轮甩出，速度或压力控制系统出现故障导致速度或压力失控等，都会对作业人员造成威胁。机械设备的故障，哪怕是局部故障，有时还会造成整个设备的停转，甚至整个流水线、整个自动化车间的停产，给企业带来经济损失。

四、非工作状态

一般来说，机械设备在非工作状态的情况下，应该是安全的，但不排除会发生安全事故的可能。例如，由于作业环境照明不好，亮度不够，有黑暗死角，可能会导致作业人员与机械悬凸结构发生碰撞；由于不注意机械设备的日常维护与清扫，使机器结构垮塌；室外机械可能会因大风的作用而滑移或倾倒；堆放的易燃、易爆原材料可能会自燃、爆炸等。

五、检修保养状态

机械设备的检修保养状态是指对机器进行维护和修理作业时（包括状态监控、保养、修理、翻建、改装、检查等）的机械状态。机械设备在检修保养时，也可能会发生安全事故。例如，由于没有标明机械设备的检查状态，误将修理中的机器或设备当作正常的机器设备来使用，或者改装时没有严格按照说明进行改装等。

机器设备事故原因分析

要防止机器设备造成的安全问题，班组长的首要任务是弄清楚机器设备产生危险的原因。一般来说，机械设备在作业时，运转速度快，如果员工在操作时违反了操作规程或操作不熟练，就很容易造成严重伤害甚至死亡。明确机器伤害事故的原因，可以有效预防这类事故发生。引起机器设备伤害的原因主要有以下几个方面。

一、机器设备本身存在的缺陷

机器设备本身可能在质量、技术、性能上存在一定的缺陷，比如没有防护罩、限位、信号等装置，或者是设备设施、工具或附件存在缺陷等，使安全性能难以保证。

二、监管不到位

班组对机器设备监督管理不到位，不注意维护、保养，或者机械设备"带病"运转、运行，这是导致机械伤害事故的直接原因之一。对事故隐患整改不力，没有定期进行安全检查，发现问题，不能及时进行处理，这是间接原因。

三、作业环境差

生产作业环境差也会引发安全事故。例如有的企业设备安装布局不合理，机械设备之间的安全间距不足，工人操作空间不符合要求，或者作业现场管理混乱，产成品乱堆乱放、无定置、无安全通道。

四、员工自身原因

有些员工缺乏安全意识和自我防护意识，不遵守操作规程，违规作业，这也是造成机械伤害事故的直接原因。这种情况集中表现在以下几个方面。

（1）员工思想麻痹，忽视安全问题，以致操作失误。

（2）使用机器时，野蛮操作，导致机器设备安全装置失效或失灵，造成设备本身处于不安全状态。

（3）为图省事，擅自从机器上方迈过去，或用手接近机器传动部位，或冒险进入危险场所和禁止进入的区域。

（4）还没有开启保险装置，就关闭设备而进行加油、维修、清扫，或者操作者进入危险区域进行检查、安装、调试，将身体置于他人可以启动设备的危险之中。

（5）员工忽视使用或佩戴劳保用品。

第二节　班组常用机器设备安全隐患的防控

个人劳动防护用品的类型

个人劳动防护用品是指在劳动过程中为免遭或减轻物理、化学、生物等有害因素伤害人体而穿戴和配备的各种物品的总称。个人劳动防护用品是员工进行安全生产的直接保障。

不同的生产作业，配备的劳动防护用品也各不相同。个人防护用品可按防护部位分为防护头、面、眼、呼吸道、耳、手、脚、身躯 8 类，也可以依据用途分为防尘、防毒、防噪声、防高温热辐射、防微波和激光、防放射、防冲击、防机械外伤、防坠落、防寒、防触电等。个人劳动保护用品按照要防护的部位来划分，其具体可以分为以下几类。

一、安全帽类

安全帽主要用于保护头部，是防撞击、挤压伤害的护具。主要有塑料、橡胶、玻璃、胶纸和防寒安全帽。

二、呼吸护具类

呼吸器官的防护用品可以防止有害气体、粉尘、烟雾等侵入人体，影响员工的身体健康。按用途分为防尘、防毒、供氧三类，按作用原理分为过滤式、隔绝式两类。它可以保证在有害气体的作业环境中能够呼吸到纯净的空气，有效预防尘肺和职业病。

三、眼防护具

眼防护用具是用来保护作业人员的眼睛、面部，防止外来伤害，如防护眼镜等。在进行焊接、切割、激光或烧炉窑作业时，要佩戴相应的防护眼镜。班组长要根据班组成员的作业内容，正确发放护眼用具，防御有害辐射线的危害。

四、听力护具

听力护具包括耳塞、耳罩和帽盔等。如果工作环境中的噪声长期超过 90 分贝，就要使用听力防护用具。使用听力护具能够减少或防止过度刺激的噪声侵入外耳道，减少听力损伤，预防噪声对人身引起的不良影响。

五、防护服

防护服可以分为一般作业时的防护服和特殊作业时的防护服，主要是防止热辐射、射线、微波和化学污染物损伤皮肤或侵入人体。

六、防坠落用具

防坠落用具主要有安全带、安全绳和安全网，可以防止坠落事故的发生，通常用于高空作业。班组长要监督员工系好安全带或安全绳，做好作业前的安全防护准备工作。

七、护肤用品

防护用品主要指防护手和前臂皮肤污染的手套和防护膏。它主要用于保护外露的皮肤。班组长要在班组成员进行作业前进行检查，确保手套足够结实，在工作过程中手套没有破损或开裂。处理化学品时不宜使用皮革或缝制的工作手套。在戴、脱手套时，要注意不能接触受污染手套的外面。如果戴上手套可能会妨碍工作，可以使用防护膏来防止皮肤污染。干酪素防护膏对有机溶剂、油漆和染料等有良好的防护作用。如在作业时会有较强的摩擦力，则不宜使用防护膏。

在进行作业之前，为了保证生产安全，班组长要认真详细地讲解，让员工明确个人劳动防护用品的作用，检查监督班组成员个人劳动防护用品的穿戴情况。

保障作业场所与工作环境的安全

作业场所是指作业人员的生产岗位和作业环境。作业场所与工作环境的状况与安全生产密切相关。通常脏乱的工作环境、不合理的布置、不合理的搬运工具、采光与照明不好、危险的工作场所都容易造成事故发生。因此班组长在安全防范中应对作业环境加以关注，对作业场所进行整理整顿，创造良好的工作环境。

一、检查作业场所和工作环境

班组长要在日常管理中，注意作业场所和工作环境中是否存在不安全的因素。班组长应注意以下内容。

（1）作业场所的采光、照明和通风、通气状况是否良好。

（2）作业场所的安全通道是否时刻保持通畅。

（3）作业场所是否充满了碎铁屑与木块等杂物，是否会影响作业人员的正常操作。

（4）工作环境是否清洁，地板上有无油或水。

（5）作业场所的安全防护设备是否能正常地发挥其功能，是否进行定期的检查。

（6）不使用的设备是否放在指定的位置。

（7）作业现场的安全宣传标语是否贴在最引人注意的地方。

（8）其他问题。

二、作业场所与工作环境的合理设计

1. 照明设施

照明设施应配合作业场所的长度、宽度和作业面离光源的高度之间的距离，设定在视野范围内的亮度可以降低视觉疲劳，提高作业人员的工作效率。

2. 工作环境的温度和湿度

工作环境应保持相对稳定及适宜的温度和湿度，其一，对设备具有保护和养护的作用；其二，为作业人员提供舒服的工作环境，减少事故发生率。如在夏季要注意通风和防暑工作；在冬季要安置取暖设备，做好防寒准备。

3. 振动与噪声

要注意对作业场所的振动与噪声进行控制和防护，以免影响作业人员的身心健康与职业安全。例如拉大噪声较大与非噪声作业场所的距离，对振幅、功率大的设备应设计减震措施，配备相关个人防护用品等。

4. 防毒与防尘

对产生毒气或灰尘较大的作业场所，要加强防毒与防尘管理，减少作业环境给现场员工带来的伤害，维护员工的身体健康。例如，可以将作业地点集中在通风良好和空气较清洁的地方，容易产生较大灰尘的作业应位于主导风的下风口；尽量实现生产设备的自动化、机械化、密封化，并配备其他的安全防范措施等。

三、安全合理地布置作业场所的物品

班组长要合理布置作业场所生产物料和加工成品以及废弃物品的堆放，减少安全隐患，保证作业能够顺利安全进行。

（1）作业场所的安全通道禁止堆放任何物品，安全通道上方不得有危险悬挂物。

（2）经常对作业场所堆放的物品进行清点，及时送往仓库储存或做其他处理。

（3）作业人员不得横穿电线或管道。

（4）不能在电源柜、消火栓、防火设备及安全门等地方随意放置物品。

（5）保管物品的人员要按照物品类别进行保管，并注明保管物品的内容及责任者。

遵守机器设备操作制度

机器设备对人体造成的伤害是不言而喻的，为了避免由机器设备造成安全事故，作业人员应严格遵守机器设备的操作制度。

（1）机器设备的操作人员，必须经过专门的岗位培训，考核合格后才能进行独立操作。

（2）机器设备的操作人员必须熟悉设备的技术、性能、内部结构及操作规程，还要注意日常维护保养，并学会处理简单的故障。

（3）作业人员不得酒后操作，如果班组长发现班组作业人员精神不集中或患病，也不得操作机器；此外，非机械操作人员严禁操作机械。

（4）班组长应注意在进行生产操作前，保证作业现场干净；作业人员在操作过程中要集中注意力，严禁吸烟、吃食物、说笑逗闹；清理机器设备上的木屑、刨花等杂物时，要保证机器设备已经停止运转。

（5）如果作业人员在操作过程中需要离开，必须停机断电，不能离开岗位太久或太远。不得将机械交给非指定人员操作。

（6）班组长要指定专人对机器设备进行管理，严格遵守机械设备的保养规程，认真做好各级维护保养，保持机械设备处于良好的状态。

（7）新安装的机械或经过修理、改装或搬迁拆卸后重新安装好的设备，必须按照有关规定进行检查、鉴定和试运转合格后，才能开始使用。

（8）一些机械设备的传动和刀具部分，必须要有可靠的安全防护罩，作业人员操作完毕后，要对安全防护罩进行检查，保证下次使用时灵活有效。

（9）进行作业前，班组长要督促操作人员穿好工作服，戴好工作帽，长发不得外露，衣袖卷到肘部以上或将纽扣扣紧。

（10）启动电动机械设备后，应检查电气仪表，待电流表指针稳定正常后，才能正式进行工作。严禁在低压或不稳定电压下操作，如发现电源不足设备的额定电压时，应立即停机断电。

（11）要定期对作业场所的电器线路进行检修，如在操作过程中突然停电，应将电闸关闭，以防来电后机械自行运转。

（12）不能为了尽早完成任务，让机械设备"带病"运转或超负荷作业；发生故障应及时排除或向主管提出报修意见。

（13）在机器运转过程中，不能对机器设备进行维修、保养、润滑和紧固工作，如发现发热、异音、机件松动或损坏等故障时，应先停机断电检查修理，修理后才能开始工作。

（14）安装机器设备的零部件时，要严格按照该机器的规定要求安装牢固，拧紧螺栓，不得有任何松动现象。

（15）工作完毕停机断电后，作业人员必须对机器设备进行清理和保养，关好闸箱。

（16）机器设备中的吸尘器布袋里的木灰或其他杂物不能满过袋子的 4/5，过满会造成电机烧毁。

（17）在对机器设备进行维修时，必须挂起"此设备正在检修中，严禁使用"之类的标示牌。

做好机器设备的整顿与清扫

在企业的安全生产管理中，可能经常会遇到这样的问题：作业场所的材料、成品堆放混乱；账、物不符，长期不用的物品占用大量空间；机器设备长时间不清扫，灰尘很厚；有用和无用的物品同时存放，活动场所变得很小；生产车间的安全通道被堵塞，行走不畅或搬运无法通过等。因此，要经常对作业场所进行整顿与清扫，保持良好的作业环境。

整顿与清扫是 5S 管理中的内容，整顿是把要用的东西按规定的位置摆放整齐，合理布局，并做好标识进行管理；清扫是将不需要的东西彻底清扫干净，保持良好的工作环境，达到"零事故"、"零损耗"。要对企业中用于生产的机器设备进行定期整顿和清扫，保证机器设备时刻处于良好的状态，以保障安全生产。因此，班组成员应养成良好的工作习惯。

一、整顿

1. 班组长要做好整顿行管工作

各班组应对自己所属工作区域进行整顿，班组长要负责做好整顿记录，指挥班组成员的整顿工作。

2. 对工具箱的整顿

各班组成员的工具箱要按标准的设计定置图进行摆放。每个作业人员的作业工具都要严格按照定置图进行摆放，定置图及工具卡片要贴在工具箱上，工具箱的摆放位置要标准化、规范化和统一化。

3. 检查机器设备时的整顿

对机器设备进行检查时，要对机器设备的检查状态用颜色进行区分：经检查合格的机器设备标识成绿色；还没有进行检查的标识成白色；需要进行修理的标识成红色；需要进一步检查的机器设备零件标识成黄色；已经不能再使用的标识成黑色。

二、清扫

对机器设备的清扫，就是要定期进行点检、保养和维护，以保持设备良好的状态，及时发现故障隐患。机器设备的清扫主要包括以下几项内容。

（1）班组长应做好对机器设备进行清扫的动员工作，必要时，对员工进行清扫的安全教育，对可能发生的受伤、事故（触电、碰伤）、坠落、砸伤、灼伤等不安全因素进行警示和预防。

（2）班组成员要了解和熟悉机器设备的基本常识，明白其老化、出现故障等的原因，学习设备的基本构造和工作原理等。

（3）班组长要组织员工学习设备的使用和清扫的相关指导书，明确清扫工具、清扫的位置、维护的具体步骤等。

（4）班组成员要明确清扫的目的，不能为清扫而清扫，要一边清扫一边改善设备状况，把设备的清扫与点检、保养结合起来。

（5）要注意辅助设备的清扫，不能只清扫设备本身。

班组员工在整顿、清扫时发现任何危险因素，如设备的螺丝松动、电线或绝缘层老化、管道堵塞或破损、仪器或仪表精度不准等，要及时处理，严重时应及时报告上级进行维修。

机器设备的点检

机器设备的点检是为了及时发现机器设备中存在的安全隐患，防止机器设备给作业人员带来伤害。机器设备的点检工作要求管理人员、操作人员、设备工程技术人员、维修人员共同来完成。

一、点检标准书和点检卡

在进行点检时，要根据每一台设备的不同情况和要求制定点检的标准书和点检卡片，参加点检的人员要根据点检卡的要求进行点检。设备点检标准书和点检卡如表 5-1 和表 5-2 所示。

表 5-1　点检标准书

设备名称			设备编号		设备型号	
点检项目	点检部位	点检方法	使用工具	点检周期	判断标准	处理方式

表 5-2　点检卡

设备名称			操作人					__年__月__日	
项目	日期								
	1	2	3	4	5	6	7	8	…	31
⋮									

续表

设备名称		操作人		__年__月__日
项目	点检项目	点检内容	点检方法	备注
...				

二、点检人员需具备的点检技能

进行设备点检时，作业现场设备的运行情况比较复杂，点检人员判断设备劣化程度准确性、修复劣化的水平，寻找设备故障点的速度和准确度，以及排除故障和恢复设备正常运行所需时间的长短等非常重要。因此，点检员必须凭借自己的技术和经验以及逻辑思维能力，在生产现场发现设备所存在的问题，并切实解决这些问题。那么点检员要具备哪些点检技能呢？

1. 前兆技术

前兆技术就是指通过设备点检，从设备的稳定状态中找出不稳定的因素，从正常运转的设备中找出可能发生异常的萌芽，找出设备劣化的规律，不让其扩展为设备故障的技术。

2. 故障的快速处理技术

故障的快速处理技术主要用于设备发生故障后，迅速分析和判断故障发生的部位，制订排除故障的方案或采用紧急应变措施，让设备恢复工作，使生产继续进行。

三、机器点检的类型

对机器设备进行点检，能够早发觉、早预防、早处理设备的故障和劣化现象，避免因突发故障而影响产量和质量，降低设备寿命。设备点检的类型分为以下三种。

1. 日常点检

日常点检由该机器设备的操作人员负责，对机器设备进行日常点检是日常维护保养的重要内容。

2. 定期点检

定期点检要根据不同的设备，确定不同的点检周期，可以分为一周、半个月或一个月等。

3. 专题点检

专题点检主要是对机器设备进行精度检查。

做好设备三级保养工作

做好机器设备的保养工作有利于机器设备安全隐患的防控，保证生产的安全性。所谓的"三级保养"是根据工作量的大小和难易程度确定的，分为日常保养、一级保养和二级保养。三级保养能够保证机器设备时刻保持正常的工作状态，为设备经常保持最佳技术状态提供根本保证。

一、日常保养

设备的日常保养主要由操作该设备的员工进行保养。作业前后，班组成员要认真检查设备的使用和运转情况，填写好交接班记录；定期对设备各部件擦洗清洁，定时加油润滑；在作业中要随时注意紧固松脱的零件，消除设备小缺陷；作业后要检查设备零部件是否完整，工件、附件是否放置整齐等，如果发现设备出现故障，要及时排除。

二、一级保养

一级保养主要由操作该设备的员工和相关的维护人员负责。相关人员要根据企业的实际情况和设备的使用情况，定期进行一级保养。一级保养主要是检查、清扫、调整电器的控制部位和零部件；调节各指示仪表与安全防护装置；对设备局部进行彻底清洗、擦拭，检查设备内部。如发现故障隐患和异常，要予以排除，必要时请维护人员帮助。

一级保养后，要使设备外观清洁明亮、运转正常、指示仪表齐全可靠。班组长每月至少组织两次一级保养，参与一级保养的班组成员要将保养的主要内容、保养过程中发现的问题、试运转结果、维修后的状况记录下来。

三、二级保养

二级保养涉及维修，是以维持设备的技术状况为主的检修形式。二级保养既要达到一级保养的效果，还要对设备进行部分解体，检查修理，更换和修复磨损件，局部恢复精度，润滑系统清洗、换油，气电系统检查修理。二级保养可以每月进行一次，其工作量在修理和小修理之间。二级保养要求保养后设备的精度和性能均能达到生产要求。班组长要组织做好二级保养的保养工作，并做记录，归入档案。

第三节 班组常用生产设备的安全检查

起重设备安全检查的主要内容

在现代工业生产中，尤其是建筑工地上，起重机械是最常见也是不可缺少的机械设备，被广泛应用于各种物料的起重、运输、装卸以及人员输送等作业中。起重机器属于大型的机械设备，在进行露天作业时常常需要指挥、捆扎、驾驶等多人配合作业，活动空间和难度都比较大，容易发生各种事故。据统计，我国每年因起重机械事故死亡的人数在所有机械事故中最多，约占机械事故死亡人总数的 15%。起重机械中的塔吊，在安装和拆卸中，每年都会发生多起特大事故。因此，班组成员应全面重视起重机械安全。

在使用起重机器设备之前，班组长应组织班组成员全面检查起重机器设备的各个组成部分，保证机器功能良好，符合作业时的安全要求。检查时，要详细具体，即使是一只螺丝松动，也要做好记录，进行修理，切勿敷衍了事、疏忽大意，否则将可能付出巨大的代价。

对起重机械的安全检查包括一般性检查和专项检查。

一、一般性检查

一般性检查是指班组长组织班组成员对起重机械设备的基本状况的检查。这种检查要做到每天进行一次，还要做到每周检查、每月检查、年度检查等。

1. 每年一次全面检查

班组对在用的起重机械要每年进行一次全面检查，其中载荷试验，可以结合吊运相当于额定起重量的重物进行，并按额定速度，进行起升、回转、变幅、行走等机构安全性能检查。

2. 季度检查的项目

（1）安全装置、制动器、离合器等。

（2）吊钩。

（3）滑轮组、钢丝绳、索具等。

（4）配电盘、开关、控制器、配电线路、集电装置等。

（5）管道连接、液压保护装置等。

（6）主要受力部件、顶升机构等。

（7）轨道的安全状况、道轨的接地情况。

（8）钢结构、传动机构。

（9）行走电缆的绝缘及损坏情况。

（10）大型起重机械的防风、防倾覆措施的落实情况。

（11）起重机械的安装、拆除、维修资料。

3. 每月检查的项目

（1）安全装置、制动器、离合器等。

（2）吊车上的吊钩。

（3）滑轮及滑轮组、钢丝绳、索具等。

（4）配电线路、控制器、开关、集电装置、配电盘等。

（5）液压保护装置、管道连接等。

（6）顶升机构，主要受力部件等。

4. 每周检查项目

（1）极限位置限制器。

（2）制动器。

（3）离合器。

（4）控制器。

（5）电梯门连锁开关。

（6）紧急报警装置等。

（7）配电线路。

（8）配电盘。

（9）集电装置。

（10）开关。

（11）控制器。

（12）液压保护装置。

（13）管道连接。

（14）顶升机构。

（15）主要受力部件。

（16）钢丝绳。

（17）滑轮组。

（18）索具。

5. 每日检查的项目

（1）极限位置限制器。

（2）制动器。

（3）离合器。

（4）控制器。

（5）电梯门连锁开关。

（6）紧急报警装置。

（7）轨道。

（8）钢丝绳。

（9）吊索。

（10）吊具。

二、运行环境的检查

班组长应在作业之前，注重对作业环境检查。如果作业场所噪声大，可能会导致司机不能及时发觉起重机的各种不正常响声，特别是指挥声响信号和机械噪声交织在一起时，导致司机发生误解或判断不清；如果作业时，作业场所粉尘浓度大或高温天气，也会给起重机的运行和操作带来相应的问题。

三、严禁起重机械设备"带病"作业

经检查后，发现起重机械有异常状况和受到损坏时，必须及时修理或淘汰掉，严禁起重机械设备"带病"作业。

四、不合格的起重机械不准投入使用

对于经过技术改造的、大修或新购的大型起重机械，在投入使用前，必须由专业检验部门自检合格后，按规定进行调试与技术试验。未经调试与技术试验，或试验不合格的起重机械，不准投入使用。

电气防火和防爆设备检查的主要内容

随着社会生产力的进步，电气化越来越与我们的生活生产活动息息相关，但是，电气安全问题也日益凸显。经统计调查发现，由电引发的火灾在火灾总数中所占比例最高，短路、接触不良、超负荷、静电等都是电引起火灾的主要原因。

电气设备中存在的安全隐患具有一定的隐蔽性，容易被人忽视。因此，班组必须建立一套科学、准确、可操作性强的相关检查方法，让员工充分认识到安全操作的重要性，提高员工的安全意识，熟悉电气设备的安全操作。电气防火和防爆设备的安全检查主要包括以下几个方面。

一、一般电气防火防爆设备的安全检查内容

（1）电压是否采取了安全措施。

（2）保护装置部分是否符合要求。

（3）电气设备绝缘是否完好。

（4）电气设备安装是否合格。

（5）电气设备安装位置是否合理。

（6）绝缘电阻是否合格。

（7）设备裸露带电部分，是否有良好的防护。

（8）屏护装置部分是否符合安全要求。

（9）安全间距部分是否合乎要求。

（10）保护接零或保护接地是否正确、可靠。

（11）手提灯和局部照明灯电压，是不是安全的。

（12）安全用具和电气灭火器材是否齐全。

（13）电气连接部位是否完好。

（14）电气设备或电气线路是否过热。

（15）在有爆炸和火灾危险的场所，严禁架设临时线路。

（16）安全生产制度是否健全等。

二、重要电气防火防爆设备的安全检查内容

（1）坚持对变压器等重要电气设备进行定时、定期巡视，并做必要的记录。

（2）对新安装的电气设备，特别是对自制的电气设备的验收工作，要坚持安全技术原则，不可马虎和敷衍。

（3）对于正在使用中的电气设备，应定期测定其绝缘电阻。

（4）对于各种接地装置，应定期测定其接地电阻。

（5）对于避雷器、变压器油、安全用具及其他一些保护电器，也应定期检查、测定，或进行耐压试验。

焊接与切割安全检查的主要内容

在焊、切割作业中，稍有不慎，就会发生火灾、爆炸事故。如：在密闭容器中焊、切割，如果密闭容器中尚有残留的可燃气体，就会引发燃烧和爆炸。此外，切割中如果违反安全操作规程去操作，使氧气和乙炔回火，也会引发燃烧和爆炸。有些事故往往是在焊、割作业结束后发生的，原因是作业即将结束时，作业人容易放松警惕，未能自始至终地执行所制定的各项安全措施，现场清理工作很马虎，没有及时熄灭留下的火种。因此，认真抓好焊、割作业后的安全检查，是焊、割防火防爆过程中不可缺少的一个重要组成部分。

班组长要定期对焊接与切割作业进行检查，如果经常进行安全检查，那些不安全因素就不会有存身之地。

一、及时检查焊接质量

由于设备、容器对焊接质量要求高，因此，在焊接完毕后，要及时检查焊接质量是否达到要求，对砂眼、气孔等毛病应立即修补好；焊接过的受压设备、容器管道，要经过水压或气压试验合格后才能使用，以免在使用时发生泄漏、爆炸等事故。此外，焊接后的容器，要待完全冷却后，才能进料。

二、检查作业后期阶段的防火防爆措施

当焊、切割作业结束后，不要马上撤离安全设施，因为此时可能还会发现设备、容器的某一部位需要进行补焊、补割。对于安全检查，任何时候都不能麻痹大意。作业结束后当焊工完成作业后，应按照下列程序清理现场。

（1）关闭电源。

（2）关闭气源。

（3）将焊枪、割锯安放在安全的地方。

（4）将乙炔发生器内未使用完的电石拿出，存放进电石铁桶内。

（5）清除作业现场的电石污染。

（6）将乙炔发生器冲洗干净。

（7）把乙炔发生器内加好清水，留待次日使用。

三、认真检查作业现场残留的火种

在焊、切割的作业场所，往往会留下不容易被发现的火种。因此，作业后要进行认真检查，直到确认不再会有残留的火种。

四、向现场有关人员交代事宜

焊工作业人员下班时，要主动向作业现场的保安人员或下一班人员交代安全检查情况，以便他们加强检查和巡逻。

五、检查自己的衣服

上班后，焊工要将自己所穿的衣服彻底检查一下，看是否有阴燃的情况；焊工穿的衣服挂在更衣室内，经几小时阴燃后，会引发火灾。检查时，发现有焦味等异常现象，须及时采取措施。

矿井通风设备安全检查的主要内容

矿井通常都装置一套通风系统，目的是向井下输送新鲜的空气，使井下的工人能够正常呼吸。矿井的通风系统通常是安装通风机，以及在井下设置局部通风机、风门、风筒、风桥、风墙、风障、调节风窗等设施，把新鲜的风流分送到各个开采地点。

不需要通过局部通风机就能正常通风的，称作全风压通风；而通过局部通风机送风的，则被称作局部通风。这样，当新鲜的空气从井上进入风井，再从回风井流出，这个送风的过程即构成矿井的通风系统。它除了能使井下作业人保持正常的呼吸功能以外，还能排放瓦斯、煤尘等，创造了井下良好的作业环境。可以说，矿井的通风系统是矿井的生命线。因此，对这条生命线的安全检查，是井下安全检查的重点。对矿井的安全检查主要按照以下内容进行检查。

一、对矿井通风管理的安全检查

（1）检查矿井的通风管理制度及其执行记录。

（2）检查矿井通风记录、报表，把井上、井下的记录进行对照。

（3）检查矿井是否具备通风设施管理牌板、通风仪表管理牌板、局部通风管理牌板；并检查牌板是否与实际相符。

（4）检查矿井是否有通风系统示意图、通风系统图、通风网络 ELI、避灾路线图。

（5）检查矿井通风图件，是否准确地反映了实际情况。重点检查用风点风量、风流方向、通风设施位置等，主要图件要求每季绘制，按月补充修改。

（6）检查矿井的通风测定报告，核实报告中的测定时间和数据的可靠性。

二、检查矿井通风系统是否完善

检查矿井通风系统时，如果存在以下情况，就要立即停止生产，进行整改。

（1）井下通风系统缺乏管理制度，通风机经常停开。

（2）井下无独立进回风系统。

（3）井下无主要通风机，采用自然通风。

（4）把局部通风机或局部通风机群，作为井下主要通风机使用。

（5）主要通风机无独立双回路供电，经常停电。

三、检查通风系统的可靠性

在检查中，如果发现存在以下情况，就要进行整改。

（1）主要通风机供风量小于井下需风量。

（2）两台通风机并联运转不匹配，造成一台抽、一台吸。

（3）通风机的风流不稳定、微风或无风，甚至风流反向。

（4）发生不符合规定的串联通风现象。

（5）通风机在不稳定区域或其附近工作。

四、对主要通风机的安全检查

检查是否存在以下情况。

（1）电压、电流是否稳定。

（2）风机是否存在故障。

（3）风机的运行状况。

（4）有无同能力的备用风机。

（5）风机有无反风能力。

（6）是否双回路供电。

（7）风机的电气保护装置是否齐全、可靠。

五、矿井通风设施的安全检查

（1）在临时停工的掘进巷道，应该按照安全规定供风，或设置栅栏，并挂设警戒牌或予以封闭。

（2）当采掘面在打透老空区、采空区时，应该制定有害气体和风流紊乱的预防措施，并认真执行。

（3）生产矿井没有有自然通风、有独眼井和以局代主的通风现象。

（4）矿井出现串联通风是否经过批准，有无专门措施，以及措施执行情况。

（5）检查矿井的通风设施是否损坏、失修，有无跑风、漏风现象。

（6）检查进回风巷或回风巷里有无断面缩小、堵塞，或有积水杂物等影响通风的情况。

（7）在需要构筑风墙、风门的地点是否及时予以构筑，并保证质量良好，是否出现跑风、漏风现象。

（8）检查收尾停采后的采煤工作面是否在规定期限内将所有的设备撤出，并及时构筑了风墙给予封闭。

（9）检查各条井下各巷道和作业点是否按照安全要求合理配风，使井下作业面有足够的风量；风速、风量是否符合安全通风要求。

锅炉与压力容器安全检查的主要内容

锅炉、压力容器都属于特种设备，锅炉包括锅和炉两大部分，锅炉中被烧热的水或被烧出的蒸汽可产生热能，通过转换作用，可为蒸汽动力装置提供机械能，也可为发电机提供电能。

压力容器本体通常由封头、法兰、开孔、密封元件、接管、筒体、支座七大部分构成。此外，还配有表计、内件、安全装置等。压力容器由于承受一定压力，另外还由于密封、承压及介质等原因，操作人稍有不慎，就有发生爆炸的可能，并且很可能会给员工的生命、企业设备、财产及环境造成巨大的损害。

由于锅炉压力容器应用十分广泛，因而有些使用锅炉压力容器的场所条件简陋，环境恶劣，容易使设备损坏并发生事故。因而，对锅炉压力容器的安全检查工作不能忽视。在对锅炉压力容器进行安全检查时，主要对以下方面进行检查。

一、对锅炉的安全检查

1. 安全阀

（1）检查安全阀的规格、数量，以及安装是否符合要求。

（2）检查安全阀的检验报告是否在校验有效期内。

（3）检查阀体和法兰是否泄漏；安全阀的排气、疏水是否畅通；排气管和放水管是否通向安全地点。

2. 压力表

(1) 检查压力表的安装、精度、表盘直径、量程、数量等是否符合要求。

(2) 检查压力表是否在校验有效期内，并检查有无铅封。

(3) 检查压力表的表盘内，有无指示最高工作压力的红线。

(4) 检查同一部件各压力表的读数是否一致、正确。

3. 水位表

(1) 检查水位表的数量、安装是否满足要求。

(2) 检查水位表是否有最低和最高安全水位，以及正常水位的明显标志；水位、照明是否清晰和良好，玻璃管水位表外面是否有防护罩。

(3) 检查两只水位表显示的水位是否一致；检查同一水位检测系统中，一次仪表与二次仪表所显示的水位是否一致。

(4) 燃油、燃气锅炉是否有点火程序及熄火保护装置。

二、对压力容器的安全检查

1. 安全阀

(1) 检查安全阀的安装、规格、型号、数量是否符合安全要求。

(2) 对安全阀进行现场校验。

2. 爆破片

(1) 应定期更换爆破片，所使用的爆破片应每年更换一次。

(2) 通常情况下，一般爆破片应在 2~3 年内更换一次。

(3) 超过最大设计爆破压力，但尚未爆破的爆破片，应立即予以更换。

3. 压力表

(1) 压力表的安装、规格、型号、数量是否符合要求。

(2) 压力表是否定期校验了。

(3) 液面计是否完好。

(4) 测温仪表是否完好。

(5) 快开门式压力容器安全连锁装置是否完好。

三、检查锅炉压力容器是否凭证运行，工人是否持证上岗

（1）锅炉、压力容器是特种设备，检查是否办理了领证手续；如果没有办理，班组或操作工有权拒绝进行操作。

（2）锅炉、压力容器操作工需经培训考核合格，在领取操作证后，方可单独操作锅炉压力容器。班组不可违规让无证的员工上岗操作。

四、检查锅炉压力容器，是否进行定期检验

（1）检查锅炉是否每年进行了一次检验，如果发现超期未检验的，班组可以拒绝安排员工上岗操作。

（2）检查锅炉压力容器的安全附件，是否灵敏可靠。

五、检查安全管理制度的落实情况

锅炉方面的管理制度

（1）岗位责任制的落实情况。

检查包括班组长、司炉工、维修工、水质化验人员等岗位责任制的落实情况，以及职责范围内的任务和要求。

（2）检查锅炉及其辅机的操作规程。

1）设备投运前的检查，与准备工作情况的落实。

2）启动与正常运行的操作方法是否符合安全操作规程。

3）正常停运和紧急停运的操作方法是否符合安全要求。

4）设备的维护保养。

（3）检查锅炉设备维护保养制度。

1）交接班制度。应明确交接班的要求，检查班内作业内容和交接手续。

2）水质管理制度。检查水质定时化验的项目是否明确，标准是否合格。

3）清洁卫生制度。检查锅炉房设备及内外卫生区域的清扫卫生是否符合规定的标准。

六、检查记录情况

（1）检查锅炉及附属设备的运行记录。

（2）交接班记录是否符合规定。

（3）水处理设备运行及水质化验是否按照规定记录。

（4）设备检修保养记录。

（5）发生事故是否有记录。

七、压力容器

（1）检查压力容器的安全管理工作是否到位。

（2）压力容器的技术档案是否建立和完善。

（3）员工操作是否符合安全要求。

医药与化工生产安全检查的主要内容

经过 30 多年的改革开放后，我国医药、化工行业得到迅速发展，无论是生产规模、工艺技术，还是产品结构方面，都发生了巨大的变化。医药、化工行业的这些变化，必然要求企业对安全管理、安全技术、生产安全环境以及环境保护方面提出更新、更高的要求。医药、化工行业，相对于其他行业，更要强调安全生产的重要性，这是因为医药、化工生产更多地存在着一些危害性巨大的不安全因素，如易燃易爆、有毒有害等。

医药、化工企业的班组长，是班组的安全"第一责任者"。在现代管理中，把班组长职能由"生产型"向"安全型"转变，就要建立健全班组安全管理制度，教育员工牢固树立"安全第一"、"安全为大"的思想观念，降低事故的发生率。

班组长重视加强安全检查，可以大大降低事故发生率；如果不加强安全检查，随时都会酿成事故，造成企业人员伤亡和财产损失。针对医药、化工生产安全检查的主要内容如下。

一、对设施、设备的检查

（1）检查厂房建设。

（2）安全通风设施。

（3）安全出入口。

（4）水封隔油窨井。

（5）防火间距。

（6）防爆结构。

（7）泄压面积不发火地面。

（8）防爆隔离。

（9）围堤。

针对以上内容，班组长要确定建筑物是否符合建筑设计防火规范等有关规定要求，设备是否保持完好状态。

二、检查压力容器等设备的设计、制造

是否符合规定要求，是否按压力容器安全监察规程的要求，定期进行检验。

三、检查作业场地和作业环境

是否整洁，道路是否畅通，是否符合劳动卫生标准。

四、检查电气设备的配置是否符合爆炸危险场所电气安全规程的要求

五、检查各类装置

（1）防火防爆警报装置。

（2）超压警报装置。

（3）安全泄压装置。

（4）安全连锁。

（5）控制等装置是否灵敏、可靠。

六、检查消防设施和器材是否已配备齐全

对于医药、化工行业来讲，因为所用的原辅材料具有易燃、易爆和有毒、易腐蚀的物质特性，工艺复杂，因而在操作时易发事故。针对这一特点，班组长应在生产过程中严格按安全规范进行，遵守安全生产规程；在操作时，要注意巡回检查，认真记录，纠正偏差，及时消除隐患。这样，事故才能得到有效的控制。

第六章 现场作业安全管理：把安全意识融入作业现场

第一节 现场作业标准化和流程化操作

班组岗位作业安全标准化的作用

班组岗位作业安全标准化是指通过建立安全生产责任制，制定完整、科学、严密的安全管理制度和操作规程，在作业系统调查分析的基础上，将班组现行作业方法的每一操作程序和每一动作进行分解，改善作业过程，从而优化作业程序，逐步达到安全、准确、高效、省力的作业效果，使人、机、物等都处于良好的生产状态并持续改进，不断加强班组安全生产规范化建设。那么，班组岗位作业安全标准化在安全生产管理中能起到什么作用呢？

一、有效控制人的不安全行为

人的不安全行为是指生产作业人员在进行生产操作时违反安全生产客观规律而有可能直接导致事故的行为。人的自由意志、外界环境的干扰、生理或心理状态不稳定等是诱发人的不安全行为的主要原因，其引发事故的概率是不可能为零的。据有关分析结果显示：人为因素导致的事故的概率达80%以上。由此看来，人的不安全行为是引发安全生产事故的主要原因。班组岗位作业安全标准化，可以把复杂的管理和程序化的作业有机地融为一体，使管理有章法，工作有程序，操作有标准；可以对班组成员的行为起到约束和规范作用，有效控制人的不安全行为，将安全生产事故的概率降到最低。

二、有效控制物的不安全状态

在安全生产事故中，除了人的不安全行为外，物的不安全状态也是引发事故的重要原因。在各种类型的生产工作中，各种设备、设施、施工工具本身可能因设计、制造、安装、运输或材质等问题，客观上存在着一定的事故隐患，隐藏着潜在的危险。班组安全标准化作业可优化现行的作业方法，改变不良的作业环境或作业习惯，使各种机器设备经常处于良好的工作状态，有效控制物的不安全状态，达到安全生产的目的。

三、有效控制"三违"现象

"三违"是指违章指挥、违章操作、违反劳动纪律。班组安全生产管理中，控制"三违"现象是一项重大而艰巨的工作任务。班组岗位安全作业标准化在作业单元上对各项操作程序和操作要领进行了严格的规定，能够有效控制班组作业过程中的"三违"现象，提高企业生产效率。

班组推行岗位作业安全标准化的意义

安全标准化涵盖了安全生产管理工作的全局，是开展安全生产工作的基本要求和衡量尺度，也是加强安全管理的重要方法和手段。岗位作业安全标准对安全生产工作的方方面面提出明确、具体的要求，解决了安全生产工作干什么和怎么干的问题。在班组中推行岗位作业安全标准有利于进一步规范作业人员的操作行为，保证安全生产工作，实现安全生产目标。推行岗位作业安全标准化的意义如下。

一、响应了国家的号召

国家积极号召在企业安全生产管理中建立一套切实可行、科学合理的作业标准制度，而开展安全生产标准化工作是国务院的决定。2004年，国务院颁布的《关于进一步加强安全生产工作的决定》（国发〔2004〕2号）指出："开展安全质量标准化活动。制定和颁布重点行业、领域安全生产技术规范和安全生产质量工作标准，在全国所有工矿、商贸、交通运输、建筑施工等企业普遍开展安全质量标准化活动。企业生产流程的各环节、各岗位要建立严格的安全生产质量责任制。生产经营活动和行为，必须符合安全生产有关法律法规和安全生产技术规范的要求，做到规范化和标准化。"2010 年，国务院印发的《国务院关于进一步加强企业安全生产工作的通知》（国发〔2010〕23 号）第七条指出："全面开展安全达标。深入开展以岗位达标、专业达标和企业达标为内容的安全生产标准化建设，凡在规定时间内未实现达标的企业要依法暂扣其生产许可证、安全生产许可证，责令停产整顿；对整改逾期未达标的，地方政府要依法予以关闭。"

二、作业标准化是安全生产过程规范化管理的基础

班组从制度、规章、标准、操作、检查等各方面，制定具体的规范和标准，使企业的全部生产经营活动实现规范化、标准化，为安全生产规范化管理提供基础，使班组成员自觉遵守各项操作规程和标准，提高作业人员的安全素质，最终达到强化源头管理的目的。

三、推行作业安全标准化是实现安全生产目标的根本途径

推行作业安全标准化是夯实基础、狠抓落实的治本之策，是防范事故发生和免受责任追究的最有效办法。由于标准化工作把企业的"人、机、环境"安全三要素的每个要素都作了规范，对作业人员、操作过程都有明确的制度约束，方方面面都有章可循，可有效减少甚至杜绝事故尤其是重特大事故的发生。

四、作业安全标准化工作是落实安全生产责任的重要举措

安全生产标准化工作要求将安全生产责任落实到每个从业人员、每个操作岗位，强调企业全部工作的规范化和标准化，强调真正落实企业作为安全生产主体的责任，从而保证企业的安全生产。

制定班组生产作业标准

制定班组生产作业标准是为了对作业人员、机器设备、生产原材料、基础设施、作业环境等进行科学、系统、有序、规范的管理控制。制定班组生产作业标准要充分应用安全系统工程学、人机工程学、行为学、心理学等学

科理论和先进技术，以事故致因理论和长期有效的安全管理实践经验为基础进行科学合理的制定。在班组生产作业标准的实施过程中，班组长要不断清理、修订、制定、规范和完善标准，提升安全标准化管理水平并实施，达到能够减少或消除伤亡事故和职业危害的目的。班组生产作业标准的内容包括以下几个方面。

一、作业顺序标准

制定作业顺序标准的目的是让班组成员在进行作业时，明确自己先做什么、后做什么。班组长应根据班组成员的不同岗位、不同工种以及每项作业的职责要求，从作业准备、开始进行作业到作业结束的全过程，定出正确的操作顺序。

二、机器操作标准

不同的岗位、不同的工种进行作业时所使用的机器设备也不尽相同，班组长要根据不同的机器设备及其操作注意事项，规定员工操作机器设备的基本步骤，从具体操作动作上规定作业人员应该怎样做，使作业人员行为规范化。

三、技术工艺标准

技术工艺标准应根据不同生产作业所涉及的原料、燃料等不同理化特性来制定。

制定一个好的生产作业标准应注意以下几点。

（1）制定标准必须首先明确制定的目的，对每一项规定都要有具体的指向性，让人一目了然。

（2）注重显示原因和结果，比如"安全地上紧螺丝"。这是一个结果，应该描述如何上紧螺丝。再如"焊接厚度应是 3 微米"这是一个结果，应该描述为："焊接工用 3.0 安电流消耗 20 分钟获得 3.0 微米的厚度。"

（3）避免出现模糊的词语，如"上紧螺丝时要小心"，这样模糊的词语是不宜出现的。应该规定什么要小心？要小心什么？

（4）要具体化、数量化。对具体的操作流程的关键步骤要具体化、数量化，标准中应该多使用图和数字。

（5）强调标准的可行性，也就是标准必须是现实的，即可操作的。

（6）要根据作业过程中的实际情况，对作业标准进行修订，保证作业标准与生产操作工艺的一致性。

班组生产作业标准的推行

在班组中推行生产作业标准，让员工严格按照生产作业标准书中的各种规范，如规程、规定、规则、要领等进行作业，促进生产技术发展，提高企业的生产效率和产品质量。班组生产作业的推行也要结合企业的实际情况。

一、生产作业标准的实施

（1）在生产现场推行班组生产作业标准之前，要做好相关的准备工作，具体包括人员准备（必须对相关的作业人员进行标准培训，确保其了解、掌握作业标准）、技术准备（编制标准化作业与原作业的区别表，下发新的技术资料以攻克相对较难的新技术和新工艺等）、物质准备（指准备标准化作业所必需的工装、量具、检测器具等用具）。

（2）班组长要针对生产作业标准，对班组成员进行作业标准意识培训，将标准以图文结合的形式生动地展示在宣传板上，要求生产作业的每位员工遵守作业标准。

（3）班组长要将现场作业指导书放在操作人员随手可拿到的地方。

（4）在作业标准推行前期，班组长要现场指导并跟踪确认作业标准的执行，认真贯彻执行标准化作业。

（5）班组长要配合生产现场的负责人在推行标准化作业期间监督检查作业人员的操作行为，收集标准作业中存在失误的地方。

（6）班组长在跟进确认期间对不遵守标准作业要求的行为要立刻指正，规范其行为。

（7）推行作业标准化的过程中，要充分考虑和分析不同作业部门的潜力，量力而行，避免打乱企业正常的生产秩序。

二、生产作业标准执行情况的考核

1. 考核人员

生产部总经理担任考核小组的组长，组员采用轮换制，由生产部、质量管理部、工厂技术部等抽调人员担任。

2. 考核时间

作业标准执行情况的考核主要以季度为考核单位，考核时间从每一季度的开始一直持续到结尾，并在下季度开始后5天之内宣布考核结果及其奖罚状况。

3. 考核原则

首先，采用定量和定性相结合的考核方式进行考核；其次，定量考核要以企业所记录的生产数据与考核小组抽查的数据为准，定性考核要做到公平、客观；最后，要将考核的结果和员工的收入直接挂钩。

4. 评分方法

采用百分制进行评分，得分在90（含90）~100分的为优秀；得分在80（含80）~90分的为良好；得分在70（含70）~80分的为合格；得分在70分以下的为不合格。

三、作业标准的修改

在班组推行生产作业标准的过程中，班组长要根据作业人员的实际执行情况，及时反映作业标准的不足之处，并提出修改意见。出现以下情形，需要对作业标准进行修改。

（1）企业生产的产品质量水平已经有所变更。

（2）工作程序或工艺流程出现了变动。

（3）生产设备、生产设备的部件和工具、生产材料或使用的仪器发生改变。

（4）发现标准中对某些内容的配图仍然含混不清，作业人员有时难以理解。

（5）在实际工作中，有些任务无法在规定期限内完成，或者要完成就要付出很大代价。

（6）影响生产的外界因素或要求发生变动。

（7）国家标准或行业标准发生了改变。

班组标准化作业管理流程

班组标准化作业管理流程如图 6-1 所示。

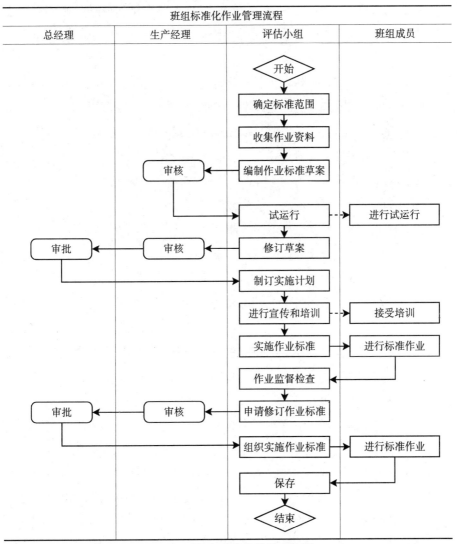

图 6-1　班组标准化作业管理流程

违反生产作业标准的处罚管理

为了规范员工的操作行为，使其符合作业标准，减少违章操作预防和消除隐患，保证生产安全，要对生产作业人员违反作业标准做出相应的处罚。

一、违规操作处罚的情形

作业人员必须严格遵守各项安全操作制度和作业标准进行操作，防止事故发生和职业病危害，如有违反，将对其进行处罚，处罚的情形有以下几类。

（1）违章指挥或强令作业人员冒险作业而导致事故发生的人员。

（2）违规操作或违反劳动纪律的情节严重、性质恶劣的人员。

（3）事故发生后，没有及时采取措施，导致事故扩大的人员。

（4）不服管理规定，对处罚人员打击报复的人员。

（5）事故的责任人。

（6）破坏或伪造事故现场，隐瞒或谎报事故者。

（7）其他各种违反安全生产规章制度造成严重后果的人员。

（8）擅自挪用消防器材、损坏基础设施的人员。

二、处罚程序

（1）安全主管要按照经济处罚办法对违规操作人员做出处罚，上报生产部部长批准后执行。

（2）安全生产委员会要根据企业的安全生产相关制度，研究决定对违规操作人员的处罚办法，上报有关领导批准后执行。

三、违规操作的处罚方法

（1）行政处罚。根据危害程度和企业的损失情况追究其责任，按照责任大小，可予以警告、严重警告、降职、降级、留用察看、辞退等处罚。

（2）经济处罚。对违规操作人员的行政处罚要根据违规操作造成危害的程度和损失情况、责任大小，可处以 100~1000 元的罚款或赔偿损失、降低工资、扣除奖金等。

（3）刑事处罚。如果由于作业人员的违规操作，造成重大的生产事故，事故性质特别严重、情节恶劣，触犯《刑法》者，要追究其法律责任，移交司法部门进行处理。

四、经济处罚细则

（1）上班前，班组长要检查作业人员是否正确使用和佩戴劳动防护用品，佩戴工牌，如有违反，违反一次罚款10元，涂改、遗失工号牌者罚款10元。

（2）在生产车间内吸烟者，发现一次罚款10元。如造成危害，要追究其经济、行政或刑事责任。

（3）跨越、靠坐任何机械部位或随意拆除、挪动设备者罚款20元。

（4）私自挪动各类消防器材，或在消防设施附近堆放其他物资者每次罚款20元。

（5）各班组清扫、整顿各生产区域不合格的，每次对班组罚款30元，对清洁工罚款10元。

（6）在生产区域内乱接电线者，每次罚款20元。

（7）操作完毕后不关闭机器者，每次罚款20元。

（8）下班后，班组长没有及时关好门窗，锁好车间大门，没有关闭总电源者每次罚款50元。

第二节　现场作业安全管理的督导

监督员工严格按操作规程操作

安全操作规程是前人在生产实践中摸索得来的，甚至是用鲜血换来的经验教训，集中反映了生产的客观规律。监督员工的操作行为，可以使作业人员在操作过程中，时刻保持较高的警惕，减少违规操作的现象，规范班组安全生产管理。因此，班组长要对员工的操作行为进行监督，这是班组长进行现场作业安全管理的重要工作。

一、监督员工的注意力

人的操作动作既要经过大脑的思考，还要受到心理状态的支配。班组长要监督员工作业时的注意力，防止员工因走神、精力不集中导致操作方法不当而发生事故。

二、监督员工文明操作

首先，文明操作安全作业标准的要求是确保安全生产的重要组成部分。作业人员要明确任务要求，熟悉所需原料性质，在进行操作前要检查设备及其防护装置有无异常现象，排除设备周围的阻碍物品，力求做到准备充分，避免中途分散注意力。其次，操作中的异常情况属于正常现象，作业人员操作时，一定要冷静对待和善于处理，切忌紧张和急躁，这样才不会使操作出现差错而进一步酿成事故。最后，文明操作还要求作业人员杜绝麻痹、马虎、对不安全因素熟视无睹或抱有侥幸心理。在操作过程中，班组长要注意监督员工的每一项操作步骤，把安全放在第一位。

督导员工严格遵守作业标准

实践证明，违反作业标准是造成生产事故的重要原因之一。班组在制定操作标准的过程中，要充分地考虑安全方面的各个因素，预防违反作业标准的行为发生。对于班组长而言，要在安全生产管理的过程中，负责现场指导跟踪确认，督导员工遵守作业标准的情况。严格要求员工遵守标准是避免安全事故发生的有效手段。那么，班组长应该怎样督导员工严格遵守作业标准作业呢？

一、初步传授

班组长要将作业标准对班组成员传授到位，可以召开作业标准宣传讲解会议或进行专门的安全教育培训，让员工学习作业标准，明确安全生产的重要意义，掌握机器操作的每一项标准。

二、跟进确认

员工基本掌握了作业标准之后，班组长还要对作业人的实际运用进行跟进和确认，检查员工是否已经真正掌握了相关作业标准，结果是否稳定。如果只停留在口头上，那么标准执行起来也是不会成功的。

督导员工正确使用劳保用品

劳动防护用品是作业人员的一道安全保障。班组长要全面负责监督员工使用和佩戴劳动用品。要做到这一点，班组长首先要了解、熟悉劳动用品。同时，还要向员工耐心讲解穿戴劳保用品的好处和不穿戴劳保用品可能产生的后果，并监督劳动防护用品的情况。在实际工作中，班组长要针对以下两种情况进行监督。

一、作业前的监督

（1）进行高空作业的人员，是否系好安全带。

（2）从事电工作业（或手持电动工具）的人员是否穿了绝缘鞋、带了绝缘手套。

（3）进行机械操作的作业人员，是否按照规定佩戴手套，有无不应戴手套的员工戴了手套。

（4）进入生产场所的员工是否按照相关要求穿了工作服，或工作服穿着是否整齐（有无敞着前襟、不系袖口等）。

（5）留长发的女员工是否将头发藏入安全帽内。

（6）与危险化学品接触的员工，是否佩戴了适当的护目镜和面罩。

二、日常监督

（1）作业人员的劳动防护用品是否时常保持干净、卫生。

（2）有破损的劳动防护用品是否及时更换。

（3）存放劳动防护用品的方法和场所是否得当。

（4）每位员工的劳动防护用品是否选择得当，是否与自己的作业相符合。

（5）劳动防护用品用完后是否及时归位。

开展班组安全生产巡查

开展班组安全生产巡查是班组长进行现场作业安全管理的重要工作。班组长通过对各岗位、各生产工序的巡查，可以查找班组日常工作中存在的安全隐患。加大对各岗位操作规范的查处力度，可以对生产安全隐患和文明生产情况进行摸底，以此查清班组遇到的安全问题，消除环境带来的安全隐患，保护员工的生命安全，保障企业的顺利发展。开展班组安全生产巡查主要考虑以下几个方面。

一、安全生产巡查的人员组织结构

（1）安全巡查人员由专职管理人员和保安员担任。

（2）安全巡查的频率是每 2 小时进行一次。

二、对安全生产巡查的具体要求

（1）进行安全生产巡查的工作人员要尽心尽职，认真负责巡查整个工作区域，不放过任何一项检查内容。

（2）巡查人员要做好巡查和隐患整改记录。如在巡查中发现紧急情况要及时报警和上报上级领导，并组织人员做好先期处置工作。

（3）认真做好夜间巡逻工作，及时制止妨碍治安秩序的行为。

（4）加强对外来人员的管理，要求其出示身份证，并做好登记。

（5）各部门的防火巡查由在岗位的防火责任人、员工对辖区岗位上的消防安全状况、安全操作执行情况进行检查。

（6）营业结束时应当对营业现场进行检查，消除遗留火种。

（7）安全巡查人员应当及时纠正违章行为，妥善处置火灾隐患。无法处置时，应当立即报告。

（8）发现初起火灾应当立即报警，并及时扑救。

三、防火巡查的内容

（1）有无违反规章制度的用火、用电行为。

（2）消防设施、器材和消防安全标志是否在位、完整。

（3）安全出口、疏散通道是否畅通，安全疏散指示标志、应急照明是否完好。

（4）常闭式防火门是否处于关闭状态、防火卷帘下是否堆放物品影响使用。

（5）消防安全重点部位的人员在岗在位情况。

（6）其他消防安全情况。

做好班组三级安全教育

三级安全教育是指企业对新进员工的厂级安全教育、车间级安全教育和班组安全教育。为了保证企业安全生产，规范安全生产管理，必须对新进员工进行安全生产的入厂教育、车间教育、班组教育；对调换新工种，复工，采取新技术、新工艺、新设备、新材料的工人，必须进行新岗位、新的操作方法的安全卫生教育，并经考试合格后方可上岗操作。三级安全教育的内容如下。

一、厂级安全教育的内容

企业首先要对新进员工进行厂级安全教育，让员工了解劳动保护的意义、任务、内容和其重要性，树立起"安全第一"和"安全生产，人人有责"的思想。厂级安全教育一般由企业安技部门负责进行，时间为 4~16 小时。讲解应和看图片结合起来，并发一本浅显易懂的规定手册。介绍的主要内容如下。

（1）介绍国务院颁发的《中华人民共和国劳动法》、《中华人民共和国劳动合同法》和《全国职工守则》等相关安全生产的生产规章制度。

（2）介绍企业的基本发展情况和安全概况，包括企业安全工作发展史、企业生产特点、工厂设备分布情况、工厂安全生产的组织，以及企业内设置的各种警告标志和信号装置等。

（3）介绍企业典型事故案例和教训，抢险、救灾、救人常识以及工伤事故报告程序等。

二、车间安全教育的内容

（1）介绍车间的概况。如车间人员结构、安全生产组织状况及活动情况；车间生产的产品、工艺流程；车间危险区域、有毒有害工种情况等。

（2）讲解车间劳动保护方面的规章制度，演示劳动保护用品的正确穿戴方法和步骤，介绍其穿戴要求和注意事项；带领新进员工熟悉生产车间，了解车间事故多发部位、原因、有什么特殊规定和安全要求。

（3）介绍车间的常见事故，对典型事故案例进行剖析，介绍车间文明生产方面的具体做法和要求，介绍车间的文明生产榜样。

（4）向新进员工介绍车间的防火知识、消防用品的使用以及应急处理等。

（5）组织新工人学习安全生产文件和安全操作规程制度，听从指挥，安全生产。车间安全教育由车间主任或安全技术人员负责。

三、班组安全教育的内容

（1）新进员工的班组安全教育由班组长负责，主要介绍本班组的作业环境、生产特点、设备状况、消防设施、危险区域等。

（2）班组长要重点介绍各种危险作业可能导致发生事故的危险因素，交代本班组容易出事故的部位，剖析典型事故案例。

（3）介绍本工种的安全操作规程和岗位责任，介绍各种安全活动以及作业环境的安全检查和交接班制度。

（4）请优秀的老员工对生产的机器设备进行安全操作示范。

（5）讲解如何正确使用劳动保护用品和文明生产的要求。例如要强调机床转动时不准戴手套操作、物件堆放要整齐、工作场地要整洁等。

做好安全管理台账工作

台账是一种通俗的说法，它其实是一种流水账，是一个单位安全生产管理的资料记录。从安全生产台账上可以反映出班组的安全生产的真实过程和安全管理的实绩，而且还能为解决班组安全生产中存在的问题，以及强化安全控制、完善安全制度等提供重要的依据，它是班组安全管理规范化的重要手段。因此，建立并管理好安全台账，是班组安全管理中必不可少的内容之一。

在一些安全管理做得好的企业里，每次安全检查或其他类型的安全活动都会有相应的台账记录。这时只要一翻台账，就可以知道哪里易发现安全隐患，就能够有针对性地把隐患消灭在萌芽状态。下面是制作安全管理台账的内容。

（1）签订安全责任书。即班组长与车间、员工与班组长签订的安全生产目标管理责任书、合同，以及班组生产安全领导小组等机构设置的文件。

（2）生产安全管理制度，包括安全技术措施计划、安全生产教育、安全生产责任制、安全生产定期检查、伤亡事故的调查和处理制度等，以及班组长、安全员等岗位职责。

（3）安全生产检查资料。

（4）安全会议记录。

（5）安全技术资料。

（6）事故应急预案、事故记录和报告资料、安全事故调查处理材料。

（7）爆破物品管理台账。

（8）机械、电气等设备管理资料。

（9）上级安全生产管理部门下发的制度性文件、通知、通报等。

（10）安全宣传教育培训、学习、活动资料。

（11）新工人三级教育会议记录、材料。

（12）班组全员花名册，特种作业人员花名册。

（13）安全设施和劳保用品购买、发放登记台账。

（14）其他有关资料。

建立台账看上去很简单，但真正想把台账做好也不容易，需要班组投入一定的人力和物力。同时，负责台账的人要坚持注重点滴积累，积少成多，保证台账内容的充实。另外，采集者和记录者要经常深入到生产一线，及时收集、整理安全信息，不能拖延。对排查出的安全隐患，不论大小都要重视，应及时处理和登记。

台账资料的记载要规范和分类，该记载什么内容就记载什么内容，而不能乱记，否则既不便于查找，也不利于归纳和总结。

第三节 灵活运用现场视觉管理

现场视觉管理的重要性

无论是在施工现场还是在车间里，视觉管理都会给安全带来很大的益处。人行动的60%是从视觉上的感知开始的，因此，用一目了然的方法去管理，能够使员工容易明白、易于遵守，让员工更能主动理解、接受和执行各项生产安全工作。甚至有人说："目视管理实施得如何，很大程度上反映了一个企业的现场管理水平。"可是，有些人不懂得其中的奥妙，忽视了目视管理，给安全工作带来了损失。

在开工现场或在其他的区域，员工通过眼睛观察能够正确地把握现场的作业运行情况，判断是否存在安全隐患，省却了许多烦琐的检查。从这一现象和原理出发，形成了班组所普遍采用的目视管理方法。使用目视管理能够给班组的安全管理带来很大的好处。

（1）无论是谁，都能判明安全隐患在哪里。

（2）判断迅速，精度高。

（3）亲眼所见，胜过班组长的一百句话。

例如，当一个人走到十字路口，看到前面闪烁着红灯，就会自觉地停住脚步。为什么呢？因为红灯意味着停止，这是一个无声的命令。

再如，如果你看到开工现场收拾得井井有条，防火防爆设施齐全，工具、设备上都有警示标志，此时，你一定感觉到很踏实，很有安全感。反之，你心中一定会隐隐感到不安，时刻担心哪天会出事。在这里，目视管理，作为使问题"显露化"的道具，发挥了很大的作用。

现今，目视管理无论在生产安全管理，还是在生活上，都得到了广泛运用，给大家带来了安全感，也带来了很大的方便。例如，电脑上装有许多形状各异、各种颜色的接口，长的、方的、圆的、扁的，绿色的、红色的、黄色的等，各连接线的插头，也相应的是各种颜色。这样，只要看颜色插线，又快又准又安全。

安全色与对比色的应用

班组长灵活运用目视法进行安全管理，首先要掌握和要求员工掌握安全色与对比色的应用。那么，在安全色与对比色的使用上有哪些标准呢？

一、安全色的使用标准

1. 红色

在安全色中，红色表示禁止、停止、消防和危险的意思。凡是禁止、停止和有危险的器件设备或环境，应涂以红色的标记。

2. 白色

白色通常用于标志中的文字、图形、符号和背景色以及安全通道、交通上的标线等。使用白色标示线、安全线时，其宽度不小于60毫米。

3. 红白相间的条纹

红色与白色相间隔的条纹，表示禁止通行、禁止跨越的意思，用于公路、交通等方面所使用的防护栏及隔离墩等。使用红色与白色相间隔的条纹，比单独使用红色更为醒目。

4. 黄色

黄色表示警示。警示人们注意的器件、设备或环境，应涂以黄色的标记。

5. 黑色

禁止、警告和公共信息标志中的文字、图形都应该用黑色。

6. 黄黑相间的条纹

黄黑相间的条纹多见于起重吊钩、平板拖车排障器、低管道等方面。使用黄黑相间的条纹，比单独使用黄色更为醒目，表示特别注意的意思。使用黄黑相间的条纹时，其两个颜色的宽度相等，一般为10毫米。在较小的面积上，其宽度可适当缩小，每种颜色不应少于两条，斜度一般与水平成45度。在设备上的黄色、黑色条纹，其倾斜方向应以设备的中心线为轴，呈对称形。

7. 蓝色

蓝色表示指令，必须遵守的规定。而蓝色与白色组合形成的蓝白相间的条纹比单独使用蓝色更为醒目，表示指示方向，用于交通上的指示性导向标。

8. 绿色

绿色表示通行、安全和提供信息的意思。凡是在可以通行或安全的情况下，应涂以绿色的标记。

二、对比色的使用

对比色是使安全色更加醒目的一种颜色，又称为"反衬色"，它有黑白两种颜色。

（1）黄色安全色的对比色为黑色。

（2）红、蓝、绿安全色的对比色皆为白色。

（3）黑、白两色互为对比色。

例如，一些安全标志的文字、图形符号、警告标志的集合图形、公共信息标志等，都是涂以黑色的。白色，通常作为安全标志中红、蓝、绿色安全色的背景色，安全标志的文字和图形符号及安全通道、交通的标线及铁路站台上的安全线等，也使用白色，表示禁止通行、禁止跨越等。采用的是这种对比色，一般用于公路交通等方面的防护栏及隔离墩上面。

比起单独使用红色，红色与白色相间的条纹，就显得更加醒目多了；而黄色与黑色相间的条纹，则比单独使用黄色更为醒目，它表示要特别注意，用于起重钓钩、剪板机压紧装置、冲床滑块等上面的警示颜色。

此外，蓝色与白色相间的条纹的对比色，比单独使用蓝色醒目，通常用于指示方向，多为交通指导性导向标。

安全标志的设置与分类说明

在一些施工现场，尤其是建筑工地上，我们经常可以看见竖立的安全标语或醒目的安全标志，这就是班组采用设置安全标志和安全色的方法以提醒员工在作业时注意安全。在设置这些标志或涂上安全色之前，班组长首先要让员工了解安全标志和安全色的含义，否则便不具有警示作用。

　　班组长在设置安全标志时，不能凭空想象，自己编造。国家对于安全标志的设置是有规定的，要根据国家标准，在需要警示的场所合理设置安全标志。安全标志由安全色、几何图形和图形、符号构成。安全标志是表示、表达特定的安全信息、意思的安全色颜色、图形和符号。安全标志分为禁止标志、警告标志、命令标志、提示标志和补充标志五种。

　　安全标志根据国家标准规定，安全标志由安全色、图形、符号构成。安全标志是根据国家标准规定，用以表示、表达特定的安全信息、意思的安全色颜色、图形和符号。以下是几种常见的安全标志的描述，具体内容如表6-1所示。

表 6-1　几种常见的安全标志及其具体内容

类别	含义	具体描述	举例	标识
禁止标志	禁止标志是用于制止人们的某些行动的标识	禁止标志的几何图形是带斜杠的圆环，其中圆环与斜杠相连，用红色，图形符号用黑色，背景则采用白色	我国规定的禁止标志一共有28个，其中与电力相关的禁止标志，如禁放易燃物、禁止吸烟、禁止烟火、禁止通行、禁止用水灭火、禁带火种、启机修理时禁止转动、运转时禁止加油、禁止跨越、禁止乘车、禁止攀登等	
警告标志	警告标志是用于警告人们可能发生某种危险的标志	警告标志的几何图形是黑色的正三角形、黑色符号和黄色背景	我国规定的警告标志共有30个，其中与电力相关的，如当心火灾、当心腐蚀、当心中毒、当心爆炸、当心瓦斯、当心塌方、当心坑洞、当心激光、当心微波、当心触电、当心机械伤人、当心伤手、当心扎脚、当心落物、当心坠落、当心车辆、当心弧光、当心冒顶、当心电离辐射、当心裂变物质、当心滑跌注意安全等	

类别	含义	具体描述	举例	标识
命令标志	命令标志是用于指令人们必须遵守某种指令的标志	它的几何图形是圆形的,上面的背景是蓝色的,图形为白色符号	命令标志共有 15 个,其中与电力相关的如:必须戴安全帽、必须穿防护鞋、必须系安全带、必须戴防护眼镜、必须戴防毒面具、必须戴护耳器、必须戴防护手套、必须穿防护服等	 ● 必须戴防护手套 ● 必须加锁 ● 必须系安全带
提示标志	提示标志是用于示意目标的方向的标志	提示标志的几何图形是方形,绿、红色背景,白色图形符号及文字	提示标志共有 13 个,其中一般提示标志(绿色背景)的 6 个如:安全通道、太平门等;消防设备提示标志(红色背景)有 7 个:消防警铃、火警电话、地下消火栓、地上消火栓、消防水带、灭火器、消防水泵结合器	
补充标志	补充标志是对前述四种标志的补充说明,以防误解的一种标志	补充标志分为横写和竖写两种。横写的为长方形,写在标志的下方,可以和标志连在一起,也可以分开;竖写的写在标志杆上部。补充标志的颜色:竖写的,均为白底黑字,横写的,用于禁止标志的用红底白字,用于警告标志的用白底黑字,用于指令标志的用蓝底白字		

安全标语的设置与应用

在作业现场设置安全标语也是一种安全防护的重要措施。我们经常在建筑工地或是道路旁看到一些安全标语。以下是一些常见的安全标语,如表 6-2 所示。

表 6-2　几种常见的安全标语

类别	标语
安全生产类	生产必须安全,安全促进生产 安全——我们永恒的旋律 安全为了生产,生产必须安全

类别	标语
防护用品类	秤砣不大压千斤，安全帽小救人命 系上安全带，免得缠绷带 上班不是逛公园，劳保用品须带全
安全操作类	抽一块砖头倒一堵墙，松一颗螺丝断一根梁 只有麻痹吃亏，没有警惕上当 按章操作设备，时刻注意安全
遵守规章制度类	安全不离口，规章不离手 一人违章，众人遭殃 安全靠规章，严守不能忘
事故处理类	想要无事故，须下苦功夫 镜子不擦拭不明，事故不分析不清 及时处理事故，敲响安全警钟
安全教育类	传播安全文化，掌握安全知识 安全知识，让你化险为夷 "要我安全"是爱护，"我要安全"是觉悟

　　企业选择和布置安全标语，并不仅仅是简单的拼凑，而要充分考虑各种因素。为使安全标语真正起到作用，保证企业的安全生产，要求在设置与应用安全标语时注意以下三点。

一、注意周边环境

　　安全标语与周边环境的完美统一规划与布置是一种学问，它与美学相关，其关键在于如何与环境相协调。注意不同的安全标语应充分配合周边环境，让员工一目了然。例如涵盖广泛的安全标语应放在非常醒目、开放性较强的位置。

二、突出重点

　　在设置和应用安全标语时，不能只从网上、书上找，然后随意一贴就结束了，这样重点不突出。安全标语要与本企业的发展历程和发展战略结合起来，突出重点，与时俱进，最大限度地发挥标语的警示作用。

三、人性化

　　安全标语要充分得到员工的认可，表达出员工的心声，让员工在作业过程中自觉遵守作业标准，保证安全生产。

第四节 作业现场环境的保护

作业现场的 5S 管理

5S 管理起源于日本，是日本企业创造出的一种独特的管理办法。它是指企业在生产现场中，对材料、人员、机器、方法等生产要素进行有效的管理，包括整理、整顿、清扫、清洁、素养 5 个方面。由于这 5 个词的英文字母第一个字母都是 S，这种管理方法便被称为 5S 管理法。

5S 管理反映出现代企业的精细化管理法则。可以说，它为企业现代管理提供了一套全面、系统的环境管理规范，使企业的工作环境焕然一新、井然有序，而且还提高了员工的工作质量和作业效率。企业实施 5S 管理以后，员工的精神面貌也得到了很大改观，保持了积极的心态，增强了自律精神，从而提升了企业形象及竞争力。此外，给员工提供了安全、健康的工作环境。

在企业实施 5S 管理的过程中，需要这种较真和执着的"傻"劲，班组长要在员工中宣传和鼓励这种"傻"劲，并带头去做。企业实施 5S 管理，最终落实在班组，不仅仅使班组的外部环境得到改观，最重要的是培养班组员工养成良好的习惯，在习惯中提高执行力，从而提升班组整体的素质和竞争力。

一、5S 管理的具体内容

1. 整理

区分要与不要的物品，不要的物品须及时清离现场，只保留要用的物品。

（1）机器设备是否摆放整齐。

（2）辅助的其他工具是否摆放整齐。

（3）自己使用操作的机器设备，是否每日及时保养。

（4）流水线是否有零乱堆积物料。

（5）消火栓处是否堆放了物料，消防通道是否畅通。

（6）物料架的物品是否摆放整齐。

（7）作业场所每日是否及时整理和清理。

（8）生产物料是否及时清理。

（9）生产成品的摆放位置、数量是否统一。

2. 整顿

每日把要用的物品放在指定位置上，须摆放整齐，并做好识别管理。

（1）生产区是否放置不用物品，如果有不用物品，应清理出去。

（2）物料、半成品、成品是否有明确标示。

（3）物品堆置的高度是否超出指定范围。

（4）维修品是否标示明确，并有否放在维修区修理。

（5）未使用的叉车、小推车是否放置在指定位置。

（6）化学物品是否存放在指定区域，是否加以明确标示。

（7）物料架是否标示明确、保持清洁、摆放整齐。

（8）不良品是否放置在指定区域，并有明确标示。

（9）生产区电源，是否标示明确。

3. 清扫

保持现场中设备、环境等清洁、干净，清除油污部位。

（1）生产区是否有零落的机器零件、材料、包装材料等，如果有应清除干净。

（2）生产区附近的渠道是否有铁屑、水渍、木屑等杂物。

（3）未使用的工具是否已被及时放回工具室。

（4）员工在操作时，是否保持地面和台面的清洁。

（5）设备是否有灰尘，并定期做检查、保养，填写保养卡。

（6）待修物品放置的时间，不能超过 24 小时。

（7）洗手间是否按时清扫。

（8）生产区是否零乱，并及时清扫干净。

（9）下班前是否清扫工作区，每日垃圾是否及时清除。

4. 清洁

保持生产区整齐、整洁、清扫后的区域整齐。

（1）生产区各区域，是否清洁。

（2）作业区地面是否有油渍、水渍。

（3）作业区地面是否清扫。

（4）下班时台面是否整齐、干净。

（5）下班前是否随手关闭作业区电源。

（6）物料部、库房是否零乱、堆积灰尘。

（7）是否定期检查和保养机器设备。

5. 素养

遵守公司的规章制度，养成良好的工作习惯。

（1）生产日报表是否填写完整、准确。

（2）作业人员是否了解所做产品及物料名称。

（3）员工是否穿拖鞋上班。

（4）作业时是否有员工到处走动、闲聊或静坐。

（5）上班是否穿戴工作衣帽，出车间是否排队。

（6）工作进度是否达标。

（7）是否有员工未经允许而损坏物料及浪费物料现象。

（8）生产发生异常是否及时向上级反映。

二、作业现场开展 5S 管理的要点

企业实施 5S 管理的关键是企业的各 5S 管理者与员工能够共同参与，同时，还要掌握相应的工作方法、技巧等，建立配套的奖罚措施。5S 管理在企业的成功推行，首先要使企业的各级管理者和员工正确、全面地理解 5S 的基本概念，这是企业能否顺利推行 5S 活动的基础。此外，在具体实施的过程中，要处理好整理、整顿、清扫、清洁、素养 5 个过程，掌握各个步骤的实施要点。这些工作最终要落实到班组，必须由班组长全力支持，被员工所接受和认可。因此，班组长要站在企业的角度，为企业着想，积极落实上级布置的 5S 管理，并不折不扣地带领员工去完成。班组在开展 5S 管理过程中，应注意以下几点。

1. 做好宣传工作

（1）在班组推动 5S 管理法，要让班组成员都认同，不要加班、加点去做。

（2）充分地发挥口号、标语、班组内宣传栏的宣传效应，让每个员工都能明白 5S 是提高产品的品质、班组形象、节约成本的一项最好的活动。

2. 定期检查

（1）每星期甚至每天都要定期检查。在检查过程中，要指出哪里做得好，哪里做得还不够。

（2）检查完毕后，要召开现场会议，指出问题，帮助员工研究改进方法，并指定专人及时地跟进解决。

（3）确认问题的改进进度，并向车间领导汇报。

3. 全员参与

（1）班长、组长、卫生检查员、安全员、全体员工要做到密切地配合。

（2）明确责任和规范，实行奖惩制度。

4. 以 5S 作为产品质量改进的桥梁

班组通过推行 5S 管理，以达到降低生产成本、提升产品质量的目的。

对噪声的防护措施

在企业生产中，会由于机器设备在运转过程中的震动、摩擦、撞击以及空气扰动等产生噪声，给作业人员造成危害，例如听力损伤、干扰睡眠，甚至会造成胃机能和心血管方面的疾病。因此，班组必须严格执行工业企业噪声控制设计规范及噪声卫生标准，加强对噪声作业环境的管理，改善噪声的作业环境，减少噪声污染，保护员工的身心健康。对作业现场产生的噪声可从以下几个方面进行控制。

一、从声源处进行控制

从声源处进行控制就是减少声源或减少声源的强度。例如要控制机电设备产生噪声，可以根据实际情况参考以下措施。

（1）作业人员要严格遵守机电的操作规程，防止因错误操作导致机电设备产生异常的噪声。

（2）班组人员要注意机电设备的日常养护，定期润滑，及时紧固或更换零部件。

（3）如果因突发状况使机电设备产生了噪声，要及时处理，关掉电机，缩短噪声排放的时间。

如果要控制机械设备发出噪声，可以通过以下几项措施加以控制。

（1）在选购机械设备时，要对机械设备的噪声环节进行评估，在相同的条件下，选择噪声较小的设备。

（2）定期检测机械设备的噪声排放情况，及时采取措施，保证噪声的排放符合国家规定的标准。

（3）在生产过程中，采用新工艺、新技术、新设备，使生产过程中不产生噪声或者少产生噪声。例如采用皮带传动或液压传动代替机械传动；用无声焊接代替高噪声的铆接；用无声的液压代替高噪声的锤打等。

二、在传播过程中进行控制

对噪声的控制还可以从传播过程中加以控制，例如可采取消音、隔音、阻音等措施来控制噪声的传播，防止噪声影响作业人员，具体的控制措施如下。

（1）在作业现场挂设吸声屏，或将作业场所内壁装成吸声材料。相关部门在购买、使用、改进各种噪声比较大的设备时，尽量选取自动化或密封化的设备，减少人工的操作，以减少噪声对员工身体的侵害。

（2）将噪声源与生产工人相互隔离开来，例如设置隔声室、隔声罩和隔声屏障。主要原理是用透声系数小、隔声系数大、表面光滑、比重大的材料，如混凝土、钢板、砖墙等，这些材料能把噪声大部分反射和吸收，而透过部分较小，达到隔声目的。

（3）可以在机械设备上安装隔声机罩或设置隔音间，阻断噪声的传播途径。

三、作业人员的个人防护

除了采用上述两种方法来控制噪声以外，还可以加强作业人员的个人防护，以减少噪声对作业人员的危害。如果作业人员必须到噪声比较大的场所进行操作，应佩戴好隔音耳塞、耳罩等个人防护用品。

对粉尘的防护措施

在工业生产中，粉尘也是破坏作业环境的一大原因，被称作"工业粉尘"。如果对工业粉尘不加以控制，会危害作业人员的身体健康和损坏机器设备，还会污染大气环境。因此，应加强对粉尘作业环境的管理，对粉尘进行有效防护，减少粉尘给员工带来的危害，保护员工身体健康。对粉尘的防护措施，有以下几个方面。

（1）定期组织员工参加防尘方面的培训，加强员工的防尘基础知识。

（2）定期对员工进行身体检查，对患有职业禁忌症、未成年员工、女员工不得安排其从事禁忌范围的工作。

（3）定期检查防尘设备，注意日常维护，确保防尘设备时刻保持良好的工作状态。

（4）改革工艺设备和工艺操作方法，采用新技术。

（5）在生产和工艺条件许可的情况下，尽量采用湿式作业，减少粉尘的产生和飞扬。

（6）对产生粉尘的物料要妥善保管，使其封闭化、机械化，以减少尘源的产生。

（7）采用通风除尘设备，减少粉尘的产生，进一步改善粉尘环境。

对作业现场的卫生管理

应使作业环境保持干净卫生，不断消灭生产现场的各种污染源，控制作业环境，减少噪声、粉尘、辐射等有害物质对作业人员的伤害，确保从根本上改善现场环境。班组要注重作业现场的卫生管理，杜绝不到位的作业产生间接污染，为员工创造良好的作业环境。具体措施如下。

（1）编制接触粉尘、噪声等有害物质的员工健康档案和台账，加强监控，防止职业危害发生。

（2）督促员工定期进行卫生扫除与设备整顿，让员工自觉养成良好的工作习惯。

（3）可以采用经济手段加强环境保持管理，预防污染源的产生。

（4）运用安全检查手段改变工作环境，控制安全事故的发生。

第七章　安全事故预防和处理：有条不紊地处理安全事故

第一节　班组安全事故的认识和预防

生产中员工受伤害的类型

在企业生产中，由于各个环节中都可能存在着潜在的危险因素，员工难免会受到这样或那样的伤害。员工在生产中受伤害的类型大概有以下几种。

一、物体打击事故

作业时，可能会有失控的物体因向下冲击的惯力对员工造成伤害。如落物、滚石、锤击、碎裂、崩倒、砸伤等。

二、机械设备的伤害事故

机械伤害事故是指机械设备与机械工具引起的绞、辗、碰、割、戳等人身伤害事故。如机械零部件、工件飞出伤人，切屑伤人，人的机体或身体被旋转机械卷入，脸、手或其他部位被刀具碰伤等。

三、起重伤害事故

起重伤害事故是指由起重机造成的伤害事故。在进行起重作业时，容易出现脱钩或移动的物体撞人的事故，如钢丝绳断裂抽入，安装或使用过程中倾覆事故以及起重设备本身有缺陷而对人造成威胁等。

四、触电（包括雷击）事故

触电事故是指电流流经人体造成的人身伤害事故。触电也是常见的安全生产事故，如人体接触裸露的临时线或接触带电设备的金属外壳，触摸漏电的手持电动工具，以及触电后坠落和雷击等事故。

五、溺水事故

溺水事故是指人落水之后，因呼吸阻塞导致的急性缺氧而窒息死亡的事故。溺水事故经常发生在水中作业，如船舶在运输航行、停泊作业和在水上从事各种作业时发生的落水事故以及在水下施工作业发生的淹溺事故。在内河、海上作业中，已发现或证实是落水失踪，虽未捞获尸体也按淹溺死亡事故分类。

六、灼伤事故

灼伤事故是指生产过程中因火焰引起的烧伤，高温物体引起的烫伤，放射线引起的皮肤损伤，或强酸、强碱引起人体的烫伤，化学灼伤等伤害事故，但不包括电烧伤以及火灾事故引起的烧伤。

七、火灾伤害事故

火灾造成的伤害通常是发生火灾事故时在扑救或逃生过程中造成的伤害。火灾也可能对非本企业的人员造成一定程度的伤害。

八、高处坠落事故

高空坠落事故通常发生在高空作业时，由于重力势能差引起的伤害事故。如从各种架子、平台、陡壁、梯子等高于地面位置处坠落或由地面踏空坠入坑洞、沟以及漏斗内的伤害事故。但高处作业时由于人体触电坠落，则不属于高处坠落事故。

九、坍塌事故

坍塌事故是指建筑物、堆置物等倒塌和土石塌方引起的伤害事故。如因设计、施工不合理造成的倒塌以及土方、岩石发生的塌陷事故。但不包括由于矿山冒顶、片帮或因爆破引起的坍塌伤害事故。

十、冒顶片帮事故

冒顶片帮事故是指矿山工作面、矿井或隧道上部、巷道侧壁在压力作用下变形造成的坍塌事故。这类事故经常发生在矿山、地下开采、掘进及其他坑道的作业过程中。

十一、提升和车辆伤害事故

提升和车辆伤害事故是指本企业内机动车辆和提升运输设备引起的人身伤害事故。如机动车辆在行驶中发生的挤、压、撞以及倾覆事故及车辆行驶中上、下车和提升运输中的伤害等。

十二、透水事故

透水事故是指在地下开采或其他坑道作业时，意外水源造成的伤亡事故。如地下含水带或被淹坑道涌水造成的事故。但不包括地面水害事故。

十三、放炮事故

放炮事故是指在进行放炮作业中造成的伤亡事故。如各种爆破作业、采石、采矿、采煤、修路、开山、拆除建筑物等工程进行放炮作业引起的伤亡事故。

十四、火药爆炸事故

火药爆炸事故是指火药与炸药在生产、运输、贮藏过程中发生的爆炸事故。

十五、瓦斯煤尘爆炸事故

瓦斯煤尘爆炸事故是指可燃性气体瓦斯、煤尘与空气混合形成的浓度达到爆炸极限，混合物接触火源时引起的化学性爆炸事故。

十六、其他爆炸事故

除了火药爆炸、瓦斯煤尘爆炸，还有一些不常见的爆炸事故，但是这些爆炸原因同样不能忽视。这些事故主要有以下几种。

（1）锅炉爆炸事故。锅炉爆炸事故是指固定或承压锅炉发生物理性爆炸引起的事故。

（2）压力容器爆炸事故。压力容器爆炸事故是指承压容器在一定的压力载荷下引起的爆炸事故。如容器内盛装的蒸汽、液化气以及其他化学成分物质在一定条件下反应后导致的容器爆炸。

（3）可燃性气体与空气混合形成的爆炸，如煤气、乙炔、氢气、液化石油气体等。

（4）可燃性蒸汽与空气混合形成的爆炸，如酒精、汽油挥发气等。

（5）可燃性粉尘与空气混合形成的爆炸，如铝粉、镁粉、有机玻璃粉、聚乙烯塑料粉，面粉、谷物粉、糖粉、煤粉、木粉、煤尘以及可燃性纤维、麻纤维（亚麻）、棉纤维、腈纶纤维、涤纶纤维、维纶纤维、烟草粉尘等。

间接形成的可燃性气体与空气相混合，或者可燃蒸汽与空气混合，如可燃固体、易自燃物、水氧化剂的作用迅速反应，分解出可燃气体与空气混合形成爆炸性气体，导致遇明火爆炸的事故。如锅炉在点火过程中发生的炉膛爆炸，以及钢水包爆炸事故等。

十七、煤与瓦斯突出

所谓煤与瓦斯突出是指在压力作用下，破碎的煤与瓦斯由煤体内突然向采掘空间大量喷出，是另一种类型的瓦斯特殊涌出。

十八、中毒和窒息事故

运输、储存、使用化学品时容易发生中毒事故，对员工造成伤害。如煤气、油气、沥青、化学、一氧化碳中毒等；窒息指在坑道、深井、涵洞、管道、发酵池等通风不良处作业，由于缺氧造成的窒息事故。

十九、其他伤害事故

凡不属于上述伤害的事故均称为其他伤害。如扭伤、跌伤、冻伤、钉子扎伤、野兽咬伤等。

进行作业危害的分析

作业危害分析又称作业安全分析，是一种定性风险分析方法。具体来说，就是对作业活动的每一个操作步骤进行分析，从而辨识潜在的危害并制定相应的安全措施。由于职业安全健康是任何作业活动的一个有机组成部分，因此作业危害分析不能被单独剥离出来。实施作业危害分析，能够识别作业中潜在的危害，并及时确定相应的预防措施，提供适当的防护装置，以防止生产事故的发生。作业危害分析的结果可以作为职业安全健康检查的标准，并能协助进行事故调查。作业危害分析的相关内容有以下几个方面。

一、分析步骤

（1）确定将要进行分析的作业。

（2）将作业划分为一系列的步骤。

（3）对每一项潜在危害逐一进行辨识。

（4）分析各个步骤存在的潜在危害，针对其辨识结果，确定相应的预防措施。

二、分析过程

1. 选择要进行分析的作业

进行作业危害分析时，要尽可能对企业所有的作业都分析，但首先要确保对关键性的作业实施分析。确定分析作业时，可对以下几类作业进行分析。

（1）事故频率和后果。事故发生频繁的作业或不经常发生但后果严重的作业。

（2）严重的职业伤害或职业病。作业条件危险、作业人员经常暴露在有害物质中或事故后果严重的作业。

（3）新增作业。新增加的作业会因缺乏预防事故的经验，存在明显的危害或者危害难以预料。

（4）出现变更的作业。如果作业有所变更，可能会由于作业程序的变化而带来新的危险。

（5）不经常进行的作业。由于从事不熟悉的作业而可能有较高的风险。

2. 进行作业步骤的划分

选择好要进行分析的作业之后，将其划分为若干步骤。每一个步骤都是作业分析活动的一部分。划分作业步骤之前，要在正常工作状态下仔细观察操作人员的操作过程。在进行划分时，要注意以下几点。

（1）划分不能过于笼统。如果划分太过笼统，就容易遗漏一些步骤以及与之相关的危害。

（2）划分不能太过细致。划分太细，会出现许多步骤。一般来说，一项作业活动的步骤不超过 10 项。如果作业活动划分的步骤太多，可先将该作业活动分为两个部分，分别进行危害分析。

（3）按照顺序划分。在进行危害分析时，要严格按照划分的步骤进行，顺序改变后的步骤在危害分析时，会导致有些潜在的危害可能不会被发现，或者可能增加一些实际并不存在的危害。

3. 辨识危害

根据对作业活动的观察、掌握的事故（伤害）资料以及经验，依照危害辨识清单依次对每一步骤进行危害的辨识，并将辨识的危害列入分析表中。

为了辨识危害，需要对作业活动作进一步的观察和分析。辨识危害应该思考的问题是：可能发生的故障或错误是什么？其后果如何？事故是怎样发生的？其他的影响因素有哪些？发生的可能性有多大？

4. 确定相应的对策

对分析出来的危害进行辨识以后，需要从工程措施、管理措施和个人防护三个方面加以考虑，制定消除或控制危害的对策。

开展危险预知训练

危险预知训练是班组现代安全管理的一种方式。具体地说，危险预知训练就是在班组中，针对生产特点和作业的全过程，以危险因素为对象开展的一项安全教育和训练活动。班组长可以模拟场景，或者在工作岗位或厂内活动区域等地方进行危险预知训练活动。危险预知训练可以提高员工对危险的感受性、对作业的注意力及解决问题的能力，控制作业过程中的危险，预测和预防可能出现的事故。实施危险预知训练应考虑以下几个方面。

一、危险预知训练的内容

1. 掌握现状

班组长要召集 5~7 个班组成员，选择一个训练场所，以现场、现物为中心，让大家轮流分析，找出潜存的危险因素，并想象可能出现的后果。

2. 追求根本

根据找出的危险因素进行讨论分析，并找出 1~3 个主要危险因素。

3. 制定对策

针对主要危险因素，要求每人制定出具体、可实施的对策。班组成员要对这些对策进行讨论，由班组长合并为 1~2 个切实可行的对策。

4. 目标设定

班组长要组织成员在对策中选出最优化的重点安全实施项目并设定为行动目标，再以手指口述的方式共同确认小组行动目标，以加深印象，达到预期效果。

危险预知训练的活动结束后，班组长要针对这次训练进行讲评，并提出改进意见，宣布下一次活动的内容。

二、危险预知训练的实施要点

实施危险预知活动要抓住重点，考虑实施要点，保证训练顺利完成。

（1）班组长要发挥组织和引导作用，充分调动成员的积极性，让每一位参与者都投入到训练中。

（2）在实施过程中，要严格按照要求进行训练，抓住重点，使每个步骤都达到预期目的。

（3）确保提出的对策具体可行。

（4）制定的行动目标要切合实际，突出重点、简练。

（5）必须将对策措施落实到位，不能只流于形式。

工前 5 分钟活动

为了预防和控制事故的发生，确保安全生产，班组应开展工前 5 分钟活动，为工作中可能遇到的安全隐患或事故敲响警钟，提高班组成员的安全意识。"班前安全活动 5 分钟"，就是在作业前 5 分钟，班长针对当天的作业部位、作业重难点和安全防护薄弱点，有针对性地对班组员工讲解应注意的安全防护知识、安全作业技能、安全作业制度等安全事项和规定，对当班的工作做好充分的准备，保证当班的各项工作顺利进行。工前 5 分钟活动内容有以下几点。

（1）班组长首先要检查班组成员的精神状态，检查员工是否疲劳上岗、酒后上岗、带病上岗等。

（2）检查需使用的各类工具是否良好（钳子、扳子、推车、锹杠、封口机、手电钻等）。

（3）检查职工劳保护品穿戴（安全帽、高温鞋、工作服穿戴是否整齐等）。

（4）向班组成员交代机器存在的安全隐患，交代故障的处理事项等。

（5）交代事故预防措施（对岗位存在的各类隐患及预防措施进行交代）。

（6）检查上班交代的问题，听取班组成员的建议。

（7）填写好交接班记录，包括参加作业的人员、上岗前交代的问题、提出的预防措施等。

工前5分钟安全活动，是危险预知活动结果在实际工作中的应用。每天上工前，在作业现场利用较短时间进行，由班长组织作业人员根据危险预知训练提出的内容，对"人员、工具、环境、对象"进行四确认，并针对作业危险点所制定的安全措施，逐项落实到每一位员工。如果认真做到这些，作业危险点的事故是可以避免的。

建立安全生产确认制

安全生产确认制就是在每次操作前，对要进行操作的对象，通过观察、指令、监督、提醒等方法，保证操作人员可靠、准确地去执行操作。安全确认制可以避免由于想当然、疲劳、走神、遗忘、误会、猜测、情感异常等因素引起的操作失误，从而确保安全生产。

安全生产确认制可以细分为九个方面。

一、岗位确认

在进入工作场所进行操作或进行特种作业前，班组长必须确认其有无操作资格，是否具备在本岗位操作所需的安全技能。避免无证上岗、冒险蛮干等违章行为。

二、操作确认

岗位操作人员在作业前，班组长应要求作业人员预想机器设备的安全操作规程和注意事项，对可能会发生的事故怎样预防才能确保安全；作业人员要认真查看操作设备和作业环境是否正常，设备状态是否适合作业，最后才能按照操作规程的要求进行作业；每一项操作后要对照操作规程查看是否存在差错，进行自我反馈。

三、工作指令确认

工作指令确认旨在杜绝信号不明、误开机、协调不力等情况。在开始工作之前，作业人员必须确认指挥协调人员的口令和信号指挥。只有确认指令无误后才能开始工作。

四、开机安全确认

班组长或指定的操作人员要对停机检修、刷车后的机器设备进行开机确认。启动机器前，首先要指令专人对其进行全面检查，在确认周围人员已经撤离、机器已恢复到防护装置的初始安全状态后，在由检查人员向开机人员发出"可以启动"的安全指令后，由开机人员确认指令并按照"开—停—开"的程序启动设备。

五、工作完毕安全状态确认

操作完毕后，检查人员要立即对本岗位进行安全检查，确认各项安全防护恢复原状（如保全工检修设备后要恢复防护罩），机器设备、操作人员及周围员工处于安全环境等。

六、联保互保确认

员工在进行操作或检修设备之前，首先要确认自己及周围其他操作人员是否处于安全状态，确定操作不会对他人造成伤害（如开行车前要查看行车梁上是否有人在检修等），同时也要确定自己不会被他人的误操作所伤害。工作过程中，首先要及时纠正自己操作上的缺点和错误，其次还要注意确认联保互保人员的精神状态和操作情况，如发现有问题，及时给予指正。

七、其他工作时间的安全状态确认

在其他工作时间，也要对周围环境的安全进行确认，如确认安全通道保持干净卫生，不会导致滑倒，在擦拭电机前不会因有水导致漏电，不会因用抹布、棉纱导致转动处缠绕。总之，要确认员工在作业场所内的一举一动，这些行动都要用安全的标尺来衡量。

八、"三违"确认

"三违"确认是指确认员工在作业时是否曾出现过违章操作、违章指挥或违反劳动纪律的现象。员工出现"三违",管理人员要及时与其家属进行沟通,由违章者家属签名确认,了解违章者的思想动态;要对该员工进行安全教育,确认该员工已经深刻认识到自身的错误,安全意识得到了提高,愿意自觉遵守各项规章制度。然后由违章者的原联保互保人员签字确认,表示可以继续与该违章者实行"联保",并重新签订《联保责任书》。

九、隐患确认

有的安保人员在工作完毕后没有及时安设防护罩或防护栏、当班使用的临时接线一连几天都不撤线、防护栏杆已经破损严重等,这样在下一次操作时就会存在很大的安全隐患。而进行此操作的作业人员明知道存在这样或那样的隐患却未能及时反映或根本不反映,使该岗位上长期存在安全隐患。因此,为了杜绝类似现象,就要采用隐患确认的方法查清原因,明确责任,凡查到的安全隐患,要由部门负责人签字确认,如有隐患遗留的情况,就要对其责任人进行违章处罚,同时对未能及时反映情况的岗位操作人员及其相关人员连带处罚。

安全生产确认制的实施要结合企业生产的实际情况。首先,要通过试运行、宣传等方法为其实施打好基础。其次,对其初步实施效果进行验证,采用逐级实施、逐项确认、层层规范的方法实现安全生产责任制的全面实施。

那么,在实施安全确认的过程中,有哪些常用的方法呢?如图7-1所示。

进行习惯性违章原因分析

在企业安全生产管理中,习惯性违章是比较常见的,它是员工作业过程中长期逐渐养成的、经常发生的、违反规章制度或操作规程的作业行为。由于习惯性违章可能不会导致太严重的后果,因此很容易被人忽视。导致习惯性违章的原因可以从主观和客观两个方面进行分析。

模拟操作	如果操作很重要且较为复杂，应进行模拟操作，确认员工操作无误后才能自行操作。作业人员可以将操作步骤写在纸上，逐项核对、确认后再进行操作
手指呼唤	手指呼唤是指班组长指着操作部位，用简练的语言口述或呼喊，让操作人员明确操作要领，然后再进行操作。为了避免因精神不集中导致错误，手指呼唤时要重复进行，直到确认无误才行
无声确认	无声确认就是指作业人员默默记忆和简单模仿正确的作业方法，如"一停二看三通过"等就属于无声确认的方法。由于这种确认方法不能有效地调动起作业人员的积极性，所以只适用于简单的操作
呼唤应答	有些作业在操作时需要相互配合，这时作业人员应采用呼唤应答的方法进行确认。第一方确认第二方应答正确了，命令执行再进行操作。在呼唤应答的同时，还应辅以适当的手势和动作

图 7-1 安全确认的常用方法

一、主观因素

1. 侥幸心理

作业人员可能认为在进行操作时，严格按照规章制度和作业标准执行过于烦琐，即使偶尔出现一些违章行为也不会造成事故。

2. 取巧心理

作业人员在进行操作时为贪图方便，擅自将几项操作步骤合并成一项操作，未做好安全措施就开工或作业时未使用相应的安全用具的违章行为。

3. 逐利心理

有些作业计件或计量的，可能会有个别作业人员为了追求高工资和高奖金，或者为了表现自己的能力，将操作程序或规章制度抛在脑后，盲目加快操作进度，违章操作。

4. 偷懒心理

有些员工性格沉闷、怕事，遇到不确定的操作步骤也不愿意多想多问，认为多一事不如少一事，多操作多做事就容易出事，这属于偷懒心理造成的习惯性违章。

5. 逞能心理

也有的员工性格张扬，甚至自以为是，在进行操作时就想当然地进行操作，或者有的员工因为资历深，自恃技术高人一筹，逞能蛮干，造成事故。

6. 帮忙心理

在操作过程中，可能会有一些意外情况，例如开关推不到位，有些作业人员就会请同事帮忙，而帮忙者往往碍于情面或有表现欲望，在不熟悉或根本不了解设备的情况下盲目去帮忙操作，极容易造成事故。

7. 冒险心理

员工有时会在条件较为恶劣的环境下进行作业，这时应根据实际情况，采取必要的安全防护措施再开始作业，而不是冒险去工作。如在消除用户电路故障工作中，为了不影响一个片区的供电，在未拉开配电的跌落保险又未采用绝缘用具的情况下，冒险带电搭火作业。

8. 自负心理

有些员工在操作过程中出现故障或异常情况时，认为自己的操作是不会出现问题的，不去检查自己的操作，而认定是设备存在问题，强行将防误装置打开并进行操作。

9. 从众心理

有些员工看到周围的其他同事违章并没有出现任何问题，于是跟着别人违章，久而久之，对违章、违纪习以为常。

10. 盲从心理

盲从心理是新进员工在接受老员工带班操作时，对老员工的习惯性违章行为没有提出异议，不加辨识，全盘接受，成为习惯性违章行为的继承者和传播者。

11. 好奇心理

好奇心理也是导致事故的原因之一。当运用一些新设备、新装备等遇见平日难得一见的情况时，有些员工会自己动手实践一番，由于对设备情况不熟悉、不了解，容易引发意外事故。

二、客观因素

1. 人机界面设计不合理

有些作业场所的机器设备整顿不当，或人机界面设计不合理，或不符合常规操作的安全要求，就容易引发作业人员违章操作。

2. 作业环境不适

如果作业环境不好，不适宜工人操作，也会引发作业人员习惯性违章。例如工作现场的噪声、高温、高湿度、臭气等使人难以忍受，导致工人急于避开作业场所，难以按操作规程或作业标准进行作业。

3. 管理不善

管理在安全生产中具有至关重要的作用，管理上的缺陷或不善，是引发事故的根本原因。管理不善有生产组织不当、生产管理不当、违章指挥三个方面。

班组反习惯性违章的措施

出现习惯性违章的作业人员通常业务素质较差，性格鲁莽，做事呆板教条，在工作中缺乏灵活性和主动性。为了最大限度地防范作业人员出现习惯性违章，班组应采取必要的反违章措施。班组长可参考以下几点遏制班组成员习惯性违章的措施进行班组安全管理。

一、不断加强班组安全管理

每一个人都是班组集体中的一员，每个人的作业内容都与总的生产系统密切相关，如果有一个人习惯性违章，久而久之必将影响整个生产系统，影响整体作业的安全。因此，班组长要不断加强管理，要将习惯性违章的行为充分暴露在集体面前，引起集体的反对和劝阻，进而形成一种互控力，以群众的力量有效控制习惯性违章。

二、进行专门的培训

首先，班组长要将可能会出现的习惯性违章行为，以及可能造成该行为的其他原因列举出来，并装订成册，组织班组成员进行专门的培训，共同学习，提高反习惯性违章的意识。其次，还应该实地考核，让作业人员进行操作，班组长指出错误，让员工按照正确的操作方法重复操作几遍，形成正确操作的习惯。

三、加大惩处力度

首先，班组长应不定期对作业人员的操作进行检查，如发现有习惯性违章的行为，就要在违章违纪曝光栏进行曝光，并对该操作人员进行处罚，同时会对其他作业人员起到警示的作用。其次，班组还可以建立评比制度，定期针对班组成员的行为习惯进行评比，在班组中制造一种遵章守纪光荣、违章违纪可耻的氛围。

四、了解班组成员的特点

习惯性违章与作业人员的性格特点有很大的关联，班组长要经常与班组成员进行沟通，了解每个人的性格特点。例如，业务素质较差、专业技能欠缺的员工要对其进行专门培训；对生性鲁莽，工作冒冒失失的，经常丢三落四的员工，就要适当安排一些无危险或危险后果较轻的工作；对生性迟钝、性格死板的员工就要安排一些操作程序、作业环节变化不大的工作。

第二节 班组安全事故现场救护基本常识

触电急救常识

在工业生产中，几乎所有的机器设备都会用到电，如果电线接触不良、电线老化或者由于员工在作业中忘记关掉电源等，都极可能造成触电。触电可致局部性损伤或全身性损伤，局部损伤的症状较轻。触电受伤后会不同程度地损毁人体组织，甚至会导致肝脏等重要脏器的功能损害。发生触电后，周围员工应立即实施急救，并告知班组长及上级领导。那么，发生员工触电事故，应如何实施急救呢？

一、切断电源

当看到有员工不慎触电倒地，周围其他员工应立即切断电源，用绝缘体或木竹棒（确保是干燥的）将电源线拨开。

二、心肺复苏

切断电源后，要查看触电人员的身体状况，如发现呼吸心跳停止，应立即进行人工呼吸及心肺复苏。在进行人工呼吸时，还要注意防止触电人着凉，如触电人躺在地板上或其他潮湿的地方，应在其身下垫些柔软的东西，解开衣扣。与此同时，应立即通知班组长及其上级领导。如情况严重，有条件的话可以用"人工呼吸机"控制呼吸。以下是心肺复苏的两种方法及其主要内容，如图 7-2 所示。

人工呼吸法	① 一手捏住患者鼻翼两侧，另一手食指与中指抬起患者下颌，深吸一口气用口对准患者的口吹入，吹气停止后放松鼻孔让病人从鼻孔呼气。依此反复进行，每分钟大概 14~16 次 ② 最初六七次吹气可快一些，以后转为正常速度 ③ 同时要注意观察患者的胸部，操作正确应能看到胸部有起伏并感到有气流逸出
人工胸外挤压	① 让患者的头、胸部处于同一水平面，最好躺在坚硬的地面上 ② 左手掌根部放在患者的胸骨中下半部，右手重叠放在左手上 ③ 手臂伸直，利用身体部分重量垂直下压胸腔 3~5 厘米然后放松，放松时掌根不能离开患者胸腔 ④ 挤压要平稳、有规则、不间断，也不能冲击猛压，下压与放松的时间应大致相等

图 7-2 心肺复苏的两种方法及其主要内容

三、拨打"120"

如发现情况比较严重，心脏骤停时间较长时注意纠正酸中毒，可用 5% 碳酸氢钠溶液静脉滴入；如发现合并颅脑外伤时，头部应予以降温，酌情使用 25% 甘露醇利尿剂。创面予以简单清洁，用清洁的布料覆盖，以防再污染、再损伤。同时，要及时拨打"120"，将伤员运到医院进行全面治疗。

掌握一定的急救知识或技巧，对触电人员的救护具有重要作用。发生触电事故后，应在第一时间对触电人员进行急救，分秒必争，同时报告领导并及时报警，不能轻易放弃抢救。因此，班组长在进行安全管理的工作中，应注意教会班组成员一定的急救知识或技巧。但是在急救的同时，其他员工也应注意方法，不能焦急躁动而乱了方寸。首先要保证自己的安全，在不造成伤害的前提下实施抢救。员工在进行触电急救时还应注意以下几点。

1. 不直接用手触及伤者

在未确认电源是否切断前，实施急救的员工不能直接用手触及伤者。切断电源前或在切断电源后一定的时间范围内，伤者是带电体，如果用手直接接触伤者，会将自己也置于触电的危险之中而遭遇触电。

2. 救护前要使自己绝缘

切断电源后，救护者要保证自己已经是绝缘体，然后再开始实施抢救。可以带上绝缘手套或将手用干燥的衣物包起来去隔离触电者。救护时，救护者要站在绝缘垫或干燥的木板上进行救护。在抢救过程中，要时刻注意保护自己，这样才能保证抢救成功。

3. 抢夺时间

时间就是生命，救护者在救护时应注意抢夺时间，抓住最佳救护时机，有条不紊地救护。因为触电时间越长，对触电者的伤害越大。

4. 救护现场照明

事故现场光线较暗，在急救过程中，应立即使用防火、防爆的应急灯等临时照明。

机械伤害急救常识

使用机械进行作业的员工，身体的任何部位都可能受到不同程度的伤害。因此，员工应掌握一定的机械伤害现场急救知识，具备较强的现场急救能力，这样才能在机械伤害事故发生后对伤者进行及时、正确、规范的抢救，尽可能减轻伤者的受害程度或挽救伤者的生命。在发生机械伤害事故后，应立即采取以下措施。

一、全面检查伤者的身体

发生机械伤害事故后，要迅速对受伤人员进行全面检查，首先看伤者神志是否清晰、呼吸有无障碍，检查局部有无创伤、出血、骨折、畸形等变化。由于受到机械外伤或脑脊髓受到损伤会引起剧痛，导致伤者休克。如果伤者陷入休克状态，要尽量让其平卧，腿部抬高 30°左右。如果是心源性休克，伴有气急时，可以让伤者半卧，同时注意伤者保暖。如果伤者出现昏迷或陷入半昏迷，千万不能给伤者喝水，也不能拍击或摇晃伤者。

二、疏通呼吸道，进行人工呼吸

如果伤者的口腔或鼻腔有异物，要立即清除，防止伤者呼吸道阻塞；如果伤者出血，要立即进行止血、包扎；如果发现伤者心脏骤停，要立即进行人工呼吸。为伤者做人工呼吸时应严格按照人工呼吸的方法，在吹气时，不要用力过猛，以免造成伤者的肺泡破裂。人工呼吸要与心脏按压间隔进行，按摩时，用力要均匀。

三、拨打"120"

如果伤者受伤严重，要立即拨打"120"，向医疗救护单位求救。拨打"120"时要注意表述清楚，在电话中应向医生讲清伤员的确切地点、联系方法。同时简要说明伤员的受伤情况、症状等，并询问清楚在救护车到来之前应该做些什么。班组长要派人到路口准备迎候救护人员。

在机械伤害事故中，班组长要充分发挥组织者和领导者的作用，维护现场秩序，指导员工对伤者实施抢救。

烧伤急救常识

烧伤通常发生在火灾中，也可能是由其他热力而引发烧伤，如水、汤、油、蒸汽、高温气体、火焰、炽热金属液体或固体（如钢水、钢锭）等。烧伤会引起皮肤或黏膜组织损害。那么，火灾烧伤或由于热力引起烧伤时，应采取怎样的急救措施呢？

一、火灾烧伤的急救

1. 将伤者抬离火灾现场

发现作业场所起火后，班组长要一边组织灭火，一边指挥其他员工做好准备，将伤者抢救出来抬离火灾现场，及时进行抢救。

2. 采取正确的躺姿

如果救出来的伤者陷入昏迷状态，要将其头部偏向一边，防止伤者的呕吐物、血块阻塞呼吸道使其窒息而亡。

3. 除去伤口处的衣物

救护人员要及时将伤者伤口处的衣物清除，清除时动作要轻柔，以免碰到伤口引起伤者疼痛。如果伤者受伤严重，要用剪刀轻轻减掉伤口处的衣物。

4. 进行简单包扎

用干净的衣服或被单给伤者做简单的包扎，保护好创伤面，以免受到感染。

二、热力烧伤的急救

1. 脱离热源

如果发现员工被火焰烧伤，要帮助其脱离热源，不能用手扑打火焰，否则可能会使手部遭受深度烧伤，还可能会使火焰烧得更旺。如果被热液、开水烫伤，应立即脱去浸湿的衣服；若来不及脱衣服，可用冷水冲洗，给湿热衣服降温，否则衣服上的热将继续作用于创面，使伤害加深。

2. 进行冷疗

如果是小面积烧伤，可以用冷水对创面进行淋洗、冷敷、浸泡，或用包裹冰块的毛巾等进行冷敷。冷疗越及时越好，持续时间最好达到 20~30 分钟，直至创面不感到疼痛或疼痛显著减轻为止。

3. 严重烧伤的处理

如果烧伤较为严重，应用清洁的被单或毛巾外裹创面，并立即送往医院进行治疗。切忌不能在创面上涂抹有颜色的药物，如红汞、甲紫等，以免影响医生对创面深度的判断。

三、化学烧伤的急救

1. 脱去伤者的衣服

发生的烧伤事故属于化学烧伤时，要立即脱去伤者的衣服。救护人员在脱去伤者衣服的时候，也要戴好防护手套，因为有些化学品带有强腐蚀性。

2. 进行清洗

无论何种化学物质烧伤，均应立即用大量清洁水冲洗，冲洗时间不低于

20分钟以上。开始冲洗时，水量应足够大，这样可以迅速将残余化学物质从创面冲尽。如果是头部烧伤，要先注意眼睛，尤其注意角膜有无烧伤，并优先冲洗。

四、电烧伤的急救

在进行电烧伤急救前，应立即切断电源，不可在未切断电源时接触患者，以免自身被电击伤。同时进行人工呼吸、心外按压等处理，并及时转送至就近医院进一步治疗。

危险化学品伤害急救常识

工业生产中用到的化学品一般都具有易燃易爆、有毒、强腐蚀等特性。如果在危险化学品的生产、使用、装卸、储运或销售过程中，由于机械、物质、环境的原因，或者是因为员工违章操作、维护不周、操作失误以及认识不够等，可能会发生中毒、窒息、灼伤、烧伤和冻伤等安全事故。这类灾害事故突发性强，扩散迅速，危害范围广，伤害途径多，救援难度大。因此，及时有效地为患者提供救护，对挽救生命、减轻伤残有着重要意义。因此，涉及危险化学品的作业人员，应掌握一定的危险化学品伤害现场急救措施和预防伤害的基本知识，学会现场急救。一旦发生该类事故，要立即采取措施，实施抢救。当作业人员在接触化学品时，如发生了中毒或灼伤的事故后，可使用以下方法进行急救。

一、化学品中毒急救

当员工发生化学品中毒，毒物进入人体后，会损害人体某些组织和器官的生理功能或组织结构，从而引起一系列症状体征。危险化学品中毒的现场急救主要是除毒，减轻毒物对伤者的进一步伤害，现场急救可采取以下措施。

1. 安全通风

在事故发生的现场，空气中通常会含有大量的有害气体，形成严重的污染区。一旦吸入含氧量低或有毒的空气，就会造成人体组织缺氧或中毒，导致人体损害或死亡。因此，应安全通风，保证新鲜空气的注入。

2. 脱离事故现场

救护人员要立即将伤者救出事故现场，转移到空气新鲜的地方，确保伤者能够呼入新鲜的氧气再实施抢救。

3. 保持呼吸道畅通

脱离事故现场后，应保证伤者的呼吸道畅通。救护人员可以解开伤者的衣领和腰带，清除伤者口腔和鼻腔内的分泌物及其他异物，托起伤者的下颌或者将伤者的头部朝后仰，避免舌后坠而引起呼吸道受阻。

4. 人工呼吸

如果是危险化学品中毒，中毒者会伴有呼吸困难、休克或心脏骤停等现象，如果伤者呼吸停止，就要立即进行胸外心脏按压、人工呼吸或者立即输入氧气。

二、化学品灼伤的急救

危险化学品灼伤一般可分为化学性皮肤灼伤和化学性眼部灼伤，其灼伤程度取决于化学物质的种类、浓度、剂量、接触面积和时间以及处理是否及时有效等因素。发生化学品灼伤的事故后，应先确定伤者属于哪种危险化学品的灼伤，根据该化学品的性质对伤者进行清洗。

1. 酸类物质灼伤

酸类物质的化学品基本包括盐酸、硫酸、硝酸等。如果伤者是酸性物质造成的小面积灼伤应立即用大量流水冲洗，大面积的灼伤则用 5% 碳酸氢钠溶液和清水冲洗，再用氧化镁、甘油糊剂外涂。氢氟酸所致的灼伤可用 10% 氨水纱布包敷或浸泡，再用清水冲洗。

2. 碱类物质灼伤

如果是危险化学品中的碱、浓氨水灼伤，救护人员可以用 2% 醋酸溶液和清水依次冲洗，用清水冲洗彻底后再用 3% 硼酸溶液湿敷。

3. 磷灼伤

发生磷灼伤的事故，救护人员要先在水下清除磷粒，再用 1% 硫酸铜溶液冲洗后，立即用大量生理盐水或清水冲洗。最后用 2% 碳酸氢钠溶液湿敷，包扎湿敷时要切忌暴露或使用油脂。

4. 酚灼伤

酚灼伤要首先用清水冲洗，然后用 30%~50%乙醇擦洗，最后用饱和硫酸钠液湿敷。

5. 焦油、沥青灼伤

建筑铺路工人在高温天气进行作业时，常会发生焦油或沥青灼伤。这时，救护人员要用棉花蘸二甲苯清除沾染物质后涂羊毛脂。

6. 生石灰灼伤

生石灰也是生产作业时常见的化学品，生石灰灼伤后，要先用软布或软刷将固体颗粒和粉末全部除去，溶解放出热量之前，用有压力的水流迅速冲洗掉剩余物，再用大量清水清洗。

在从事生产经营危险化学品的企业或工厂中，班组长必须经常进行危险化学品安全教育，针对现场急救进行技能培训，提高员工的事故急救能力，促进班组安全生产管理，保证企业的生产安全。

煤气中毒急救常识

煤气是工业原料之一，也是重要燃料。煤气的主要成分是一氧化碳和二氧化碳。在煤气做燃料和原料的工厂里作业，稍不留神，就可引起急性一氧化碳职业中毒。

一氧化碳中毒可分为 3 级，即轻度中毒、中度中毒、重度中毒。一氧化碳轻度中毒者，其症状通常表现为头晕、头痛、眼花、耳鸣等，并伴有心悸、恶心、呕吐、四肢无力等症状。轻度中毒者经过及时治疗后，症状一般会很快消失。中度中毒者在初期会显得烦躁、步态不稳、身体多汗，除此之外，还可能出现意识模糊、昏迷等症状。中度中毒者如果抢救及时，几天后就能够恢复健康，也没有明显的并发症。重度中毒者通常会很快昏迷过去，可持续昏迷达十几小时以上，甚至昏迷几天不醒。同时，还会出现阵发性和强直性痉挛。重度中毒者还会出现肺炎、肺水肿等，并伴有心肌损害、水电解质混乱等严重并发症。如果不能进行有效、及时的抢救，将会很快死亡。

慢性中毒者，由于长期反复地吸入一定量的一氧化碳，导致神经和心血管系统受到一定程度的损害，易患上神经衰弱综合征、心肌损害、动脉粥样硬化等病症。在发生中毒事故后，相关人员一定要采取合适的措施进行急救，以避免人员伤亡和财产损失。遇到身边有人煤气中毒，应严格按照以下步骤对中毒者进行急救。

一、通风

（1）救助者先用湿毛巾捂住自己的口鼻，再进入急救现场展开援救。第一步骤是关闭煤气总闸，第二步骤是将所有的门窗打开，使新鲜空气进入室内，降低室内的煤气浓度。

（2）然后到室外换一口气，再次进入现场，把中毒者转移出来，使他们脱离毒气环境。

二、迅速报警

在现场以外煤气浓度不高的地方，迅速拨打"120"，及时与医务人员联系。在煤气浓度高的事故现场，要严禁打电话、吸烟、开启电源等，以防引出火花，引起爆炸。

三、对中毒者进行心脏按压

尽快检查中毒者的脉搏、呼吸、意识等，对呼吸、心跳已停止的中毒者，要进行心肺复苏术；在每进行 30 次的胸外心脏按压后，再进行 2 次人工呼吸。

四、给中毒者吸氧

现场如有吸氧装置，可对神志清醒、有自主呼吸的中毒者给予吸氧治疗，直至医务人员到来。

五、减少中毒者消耗

在专业医护人员到达之前，可以先让中毒者先安静地休息，避免中毒者因身体活动或情绪激动而使心肺负担加重。在寒冷的天气里，还要注意为中毒者保暖。

毒气泄漏伤害急救常识

毒气泄漏通常是指刺激性气体或窒息性气体泄漏。在化学品的生产、使用和运输过程中，如果员工操作不当或其他原因会导致危险化学品泄漏，容易造成员工中毒事故。人的呼吸道最易接触毒气，人一旦吸入泄漏的毒气，轻者会引起呼吸困难，重者会使人出现化学性肺炎或肺水肿。

在工业生产中，刺激性毒气和窒息性气体泄漏对人体的伤害尤其大。刺激性气体是指对眼和呼吸道黏膜有刺激作用的气体，是化学工业生产、运输中经常遇到的有毒气体。最常见的刺激性气体有氯、氨、氮氧化物、光气、氟化氢、二氧化硫、三氧化硫和硫酸二甲酯等。窒息性气体是指能造成机体缺氧的有毒气体。据2005~2011年全国职业病发病统计资料，窒息性气体中毒高居急性中毒之首，由其造成的死亡人数占急性职业中毒总死亡数的65%。窒息性气体根据其危害作用的不同，可以大致分为单纯窒息性气体、血液窒息性气体和细胞窒息性气体，如氮气、甲烷、乙烷、乙烯、一氧化碳、氰化氢、硫化氢等。

在工业生产中，毒气泄漏事故往往发生得很突然，由于气体有其特殊性，一旦泄漏，将很难控制。因此，班组长在进行安全生产管理中，一定要做好预防工作。从某种程度上来说，班组对于毒气泄漏事故的安全管理，预防的重要性要大于事后救护。此外，班组还要掌握一些毒气泄漏的常识。

一、发现毒气泄漏要立即报告

员工在进行作业时，一旦发现毒气泄漏，应在第一时间将事故情况报告给上级领导，并联系当地安全生产主管部门。

二、穿戴防护工具

班组长要组织现场员工穿戴防护服装（防毒面具、防护面罩等）。如果现场没有防毒工具，员工要用衣服、帽子等掩护头部器官，防止毒气入侵。

三、逃离现场

如果现场毒气泄漏量很大，无法采取防止泄漏措施时，班组长要尽快判断出其性质和可能泄漏的方向，确定逃生路线，指挥员工迅速撤离现场。

四、避免交叉中毒

逃离泄漏现场后，要采取措施清洗消毒，以避免交叉中毒。必要时应立即拨打"120"，将受伤严重的作业人员送到医院检查和治疗。

五、及时控制泄漏

保证员工安全逃离现场后，班组长要配合上级领导处理事故；请技术人员进入事故现场进行检修；在危险区外派专人监护，禁止其他人员入内。

做好急救培训工作

在企业的安全生产管理中，各个班组开展事故急救的培训教育工作也是班组安全管理的一项重要内容。班组长在日常的安全生产管理应做到以下几项内容。

一、进行专门培训

为进一步丰富员工对急救的认识，全面掌握急救小常识，确保事故发生后能够正确做出处理，班组长应该组织员工进行安全教育培训，可以专门开设关于急救的知识课堂，并可以请专门的医护人员或培训专家进行指导。

二、情景演练

班组长可以针对培训内容进行情景演练，让员工模拟急救，并检查员工掌握的急救知识和急救方法是否正确。班组长负责对每一次情景演练作详细记录，判断员工对急救方法实际掌握的程度；还应要求员工正确、熟练掌握人工呼吸法、心肺脑复苏和急性中毒病人救治的方法等。

三、进行测试

班组长要组织相关人员或部门对员工掌握急救知识及方法的情况进行测试。测试分为笔试和实际操作两部分，并请上级领导做裁判。测试采用评分制，对成绩合格的员工给予奖励，对不合格的员工要有针对性地进行指导。

班组长还可以采用其他培训教育方法对员工进行急救常识的培训，让每一位员工都熟练掌握常用的急救方法，在事故发生后，将人员伤亡和财产损失降到最低限度。

第三节　班组安全事故的应急和处理

班组或岗位应急预案的主要内容

为了加强班组安全生产管理，使止事故发生后能及时、迅速、高效、有序地进行处理，不造成更大的损失，确保最大限度地减轻人员伤亡和降低财产的损失，需要制订班组或岗位应急预案。

班组或岗位应急预案指班组在生产过程中，面对突发事件如高处坠落、中暑、中毒、火灾以及自然灾害等的应急管理、指挥、救援计划等。班组和岗位应急预案主要包括以下内容。

一、成立应急预案小组

企业应组建应急指挥小组，负责生产事故和紧急情况的初步应急处理及抢险救灾的指挥。企业可以指定班组长做应急小组的组长，其主要职责是开展应急演练，为修改和完善应急预案提出修改和完善意见；发生突发事件时，负责组织、指导、协调应急处理；掌握险情事故、紧急状况和灾害发生的情况，及时向有关领导汇报，确定险情对策，并向有关单位通报；对事故的应急处理做出总结，呈给上级领导。

二、应急预案的演练

班组长要根据制订好的应急预案对各类突发事故进行演练，提高班组成员在面对突发事故时的应急处理能力。班组长还要负责对演练做出总结，进行评价。

三、应急准备和相关措施

（1）要注意机器设备的日常维护、定期保养检查并记录，保证有关设施设备正常使用。

（2）要保证安全通道及其他疏散通道的畅通。

（3）保证各种疏散及救援设备的正常使用。

（4）班组长负责对班组成员进行应急处理的安全教育和培训，定期进行应急演练。

（5）班组长保证在管理责任范围内发生突发事件时确保工作正常运转。

四、事故的应急处理

（1）事故发生后，班组成员应第一时间通知班组长。

（2）班组长要及时赶到事故现场，通知应急小组的相关成员，判断事故大小，派专人保护现场，及时通知上级领导。

（3）组织对受伤员工进行紧急救护，并拨打"120"等。同时，请相关人员写出事故发生的时间、地点、过程、原因。

（4）事故处理完毕后，应急指挥小组要负责对事故后的作业场所进行恢复。

（5）应急小组组长要对此次事故进行总结，总结的内容包括对事故原因进行的分析，此次应急处理的评价，并提出对事故处理以及预案整改的意见或建议，最后将总结报告交由企业负责人确认。

做好安全生产事故的应急准备

安全事故发生后，要立即做好应急准备，以确保能够及时、有效地处理好事故。班组安全生产应急准备的重点如下。

一、易燃、易爆气体

（1）氧气。

（2）乙炔气。

（3）液化气。

（4）天然气。

（5）汽油。

（6）柴油。

（7）油漆。

（8）系列稀料。

(9) 废脱模剂。

二、易燃体

(1) 施工保温材料。

(2) 聚苯板。

(3) 建筑木材。

(4) 海绵条。

(5) 建筑垃圾。

三、化学品

(1) 硝酸。

(2) 氢氧化钠。

(3) 硫酸。

(4) 盐酸。

(5) 氢氧化钾。

四、作业点、场所

(1) 电气焊作业点。

(2) 特种作业点。

(3) 高温作业面。

(4) 电气作业点。

(5) 机械作业点。

(6) 施工作业面。

(7) 施工现场。

(8) 办公区。

(9) 装修作业点。

(10) 防水作业面。

(11) 交叉作业面。

(12) 高处作业面。

(13) 夏季露天高温作业面。

(14) 油漆。

（15）防水。

（16）木工装修作业面。

（17）木工棚。

（18）车辆。

五、应急准备组织机构

1. 突发事故应急准备及响应管理小组

（1）组长。

（2）副组长。

（3）组员。

（4）紧急事件联络员。

（5）报警员。

（6）车辆引导员。

2. 疏散组

3. 救助组

六、突发事故应急准备小组成员管理职责

1. 组长、副组长职责

（1）平时应组织组员进行应急演习。

（2）对紧急事件发生时，应做好的工作和程序要熟悉。

（3）定期组织小组成员对施工现场应急情况进行检查。

（4）对施工人员的思想状况，要定期进行分析，做到心中有数。

（5）事故发生后，组长要冷静观察，掌握突发事故的动态。

（6）及时报警。

（7）组织人员抢救伤员，疏散人员，抢运易燃易爆和贵重物品。

（8）公安、消防机关到达火灾、事故现场后，及时报告火场或事故现场情况，配合公安、消防部门进行灭火抢救作战。

2. 组员职责

（1）服从应急小组负责人的领导，听从指挥。

（2）在紧急事件发生的初期阶段，做好应急救助，按照小组负责人的指

令，密切配合，尽最大努力，把事故损失和人员伤亡降至最低。

3. 报警员职责

（1）事故发生后，报警员在第一时间向有关救助单位报警。

（2）报警内容应清楚地讲明事故现场地理位置、事故情况、火势大小、人员伤害情况、联系人和联系电话号码。

（3）报警结束后，主动到路口迎接消防车、救护车或其他车辆。

4. 车辆引导员职责

应与报警员密切配合，将紧急救助车辆负责引导至事故地点，并配合做好疏散工作。

5. 疏散组织的职责

（1）负责在紧急事件发生后，组织疏散人员。

（2）对人员进行清点，确定失踪人员名单。

（3）对紧急事件现场进行区域划分，确定危险区域，无关人员应原地待命，不得发生混乱，更不能随意进入危险区域。

6. 救助组职责

（1）应具备基本急救常识。

（2）在专业医疗人员到达之前，对受伤人员进行简单救助。

7. 检查工作

各小组成员负责定期对现场的应急准备及响应工作进行检查，发现问题及时纠正。

（1）经常检查消防器材。

（2）检查急救物品，以保证其可靠性。

（3）经常检查现场的环境。

（4）检查职业健康安全管理及消防、安全规定执行情况；一旦发现问题，应及时予以纠正。

各小组成员定期对员工进行消防、安全教育，提高安全思想认识，一旦发生灾害及意外伤害事故，做到招之即来，来之能战。

做好安全事故应急演练

安全事故应急演练是指企业为预防事故发生或在事故发生时及时援救而制订了应急准备计划和方案，为检验这个计划和方案的有效性、应急准备的完善性，以及应急人员的协同性，针对事故发生的情景，依据应急预案模拟开展预警行动、现场处置等所进行的联合演习。应急演练可以分为综合演习，单项演习，场内、场外应急演习等；演习根据企业的危险有害因素，预先设定事故发生的地点、时间、特征、波及范围、变化趋势等的事故状况，仿真程度高。现实中，重视应急演习活动的企业，往往会受益匪浅，能够提高员工在紧急情况下处置事故的能力，并提高参演员工的风险防范意识和自救互救能力。

所以，班组在开展安全活动过程中，应根据工作性质和岗位生产特点，从提高员工的安全意识和实际操作技能入手，开展制订预案、关键位置应急演练等活动。应急演练的内容如下。

一、指挥协调

事故发生后，企业应根据事故情景，迅速成立应急指挥部。事故发生的作业现场班组长，也应作为指挥部成员之一。指挥部要全权负责一切事故处理事宜，调集应急救援队伍等相关资源，开展应急救援行动。

二、预警与报告

根据事故情况，指挥部应向相关部门或人员发出预警信息，并向有关部门和人员报告事故信息。

三、现场处置

根据事故情景，应对事故现场进行控制和处理。

四、疏散安置

根据事故情景，应立即疏散、转移和安置危险波及范围内的相关人员。

五、交通管制

根据事故情景，应建立警戒区域，实行交通管制，维护现场秩序。

六、应急通信

根据事故情景，应采用多种通信方式，与相关人员进行信息沟通。

七、事故监测

根据事故情景，对事故现场进行分析、观察、测定等，确定事故的影响范围、严重程度、变化趋势等。

八、医疗卫生

根据事故情景，组织相关人员开展卫生监测和防疫工作。

九、社会沟通

根据事故情景，及时召开新闻发布会或召开事故情况通报会，通报事故有关情况。

十、事故原因调查

根据事故情景，应急处置结束后，应对事故现场进行清理、对事故原因进行调查、开展事故损失评估等。当演练结束后，应及时总结、发现应急演练中存在的问题，不断提高应急预案的科学性、实用性和可操作性。

掌握安全事故报警的程序

发生事故后，大多数情况下应立即报警，但是事实上，很多人并不真正懂得正确报警的程序，在报警时经常出现表述不清和对事故描述不明确的情况，导致消防人员不能及时到达事故现场，错过了最佳的抢救时间。因此，在报警时，要注意切勿慌张，言简意赅，争取让接警员在最短时间内了解事故的基本情况。

一、在第一时间报警

当发现作业现场发生了事故，员工要在第一时间报警，越快越好，如果手机发生故障，可以借用其他人的手机或公用电话报警。

二、报警时要表述清楚

要求报警人要保持冷静，按照报警员的提示，说清楚事故发生的具体位置、事故现场的标志性建筑物和现场人员的伤亡情况等。

三、如实回答接警员的问题

陈述完毕后，要对接警员的询问如实回答，说清楚自己的姓名、联系方式和工厂名称等。

四、派专人接引

报警后，班组长要安排专人到路口接引救援车辆的到来。如果长时间没到，应再次拨打电话。

总之，班组长在日常的安全生产管理中，要确保员工能够正确掌握报警程序，以防事故发生后因报警不力而造成不必要的伤亡或损失。尤其是对新来员工，班组长更要加强这方面的培训或管理。

遭遇火灾逃生的方法

不论是在日常生活中，还是在工业生产中，火灾随时都有可能发生。据统计，全世界每天发生火灾超过 1 万起，死伤人数达 5000~8000 人之多，造成的直接经济损失达 10 多亿元。火灾已成为威胁公共安全、危害人民群众生命财产的一种多发性灾害。

因此，从事任何产业的企业都应该重视预防火灾，尤其是以棉、毛、麻为原料加工生产的工厂。在生产中，班组应总结经验和教训，班组长要对班组成员进行专门的培训，提高员工火场疏散与逃生的能力。一旦火灾降临，要保持清醒头脑，不可惊慌失措，有秩序地利用所有通道进行逃生。

（1）发生火灾时要就近逃离。利用就近的门窗逃生，如门窗关闭或锁住，要立即击碎或拆除并进行逃生。

（2）利用落水管逃生。火灾发生后各通道都被堵住，就应选择建筑室外的落水管道下滑逃生。

（3）结绳逃生。可以将成品布或包装带连接成长带，一端固定在牢靠的门窗构件上，另一端甩在地面上进行逃生。

（4）消防水带逃生。将消防水带连接在消火栓上或固定在其他牢靠的构件上，另一端甩在地面上逃生。

（5）如果没有找到逃生方法，要沿楼梯匍匐前进，站在比较醒目的位置上进行呼喊，引起消防人员注意，等待救援。

（6）如果是第二、第三层楼房着火，可将室内的棉被、衣物抛向墙外的地面，堆在一起，然后顺墙壁滑落在事先抛出的棉被、衣物上。

生产事故的处理程序

班组长是生产事故的第一见证人，也是首先对生产事故做出初步处理的领导者。发生事故后，班组长应沉着冷静，有条不紊地进行领导和指挥。这要求班组长要厘清生产事故的紧急处理程序，不至于在发生事故时自己先乱了阵脚。

生产事故的紧急处理可以参照以下程序进行。

一、稳定现场秩序，及时上报领导

当发生事故后，班组长要站在最前面，稳定员工情绪，维护现场秩序。与此同时，要立即上报上级领导部门或单位，汇报时要表达清晰，说明事故发生的地点以及现场状况。

二、采取急救措施

根据事故发生的性质，采取相应的急救措施。班组长要组织现场员工对伤者进行急救并立即拨打"120"；巡视整个事故现场，对现场进行初步勘查，查看事故现场的设备或作业情况。

三、收集相关资料

向有关人员询问事故经过和原因，对事故的伤亡情况进行详细记录；结合对现场的勘查结果，制定事故调查报告，写明事故的基本情况及其相关的情况。

四、分析事故原因

根据调查结果，分析事故发生的直接原因和间接原因，确定事故类别和责任人，上报领导并提出处理意见或建议。

五、拟定改进措施

班组长应针对事故原因提出加强安全生产管理的具体要求。拟定改进措施，加大安全生产管理的培训力度。

六、召开班组大会

班组长负责针对本次事故召开班组会议，分析本次事故的具体情况，公布处理结果，提出今后安全管理的重点以此引起员工对安全问题的格外重视。